Almuth Bartl

Minutenspiele

Lehrer-Bücherei: Grundschule

Herausgegeben von
Horst Bartnitzky und Reinhold Christiani

Almuth Bartl

Minutenspiele

•

Spiele und Aufgaben

•

Für Ausdauer, Konzentration
und Gedächtnis

•

Einzel-, Paar-
und Gruppenspiele

 http://www.cornelsen.de

Gedruckt auf chlorfrei gebleichtem Papier
ohne Dioxinbelastung der Gewässer

Bibliografische Information
Die Deutsche Bibliothek verzeichnet diese Publikation in der Deutschen
Nationalbibliografie; detaillierte bibliografische Daten sind im Internet über
http://dnb.ddb.de abrufbar.

Dieses Werk berücksichtigt die Regeln der reformierten
Rechtschreibung und Zeichensetzung.

5.	4.	3.	2.	Die letzten Ziffern bezeichnen
06	05	04	03	Zahl und Jahr der Auflage.

Redaktion: Stefan Giertzsch, Berlin
Herstellung: Brigitte Bredow, Berlin
Umschlagfoto: Peter Wirtz, Dormagen
Illustrationen: Norbert Maier, München
Satz: FROMM MediaDesign GmbH, Selters/Ts.
Druck und Bindung: Clausen & Bosse, Leck
Printed in Germany
ISBN 3-589-05071-3
Bestellnummer 50713

Inhalt

1 Wer bist denn du?

Eine Minute über mich

Jeden Tag ist ein anderes Kind an der Reihe, genau eine Minute lang von sich zu erzählen.

Erstaunlich, wie viel Information innerhalb dieser beschränkten Zeit gegeben werden kann.

Ein Kind erzählt vielleicht, wie viele Geschwister es hat, wann sein Geburtstag ist, ob es ein Haustier hat, welche Farbe seine Zahnbürste hat und so weiter. Ein anderes Kind berichtet vielleicht von seinen Hobbys, seinen Erfolgen als Fußballer, von seinen Lieblingsfächern und vielem mehr.

Fluginformation

Jeder Schüler schreibt auf einen Zettel zehn Dinge oder Tätigkeiten, die er besonders gerne mag, zum Beispiel:

- Erdbeereis
- Tischtennis
- Pinguine
- Segeln
- Pizza
- Textaufgaben
- Spice Girls
- SMS verschicken
- Wellen reiten
- Rosa Turnschuhe

Dann faltet jeder aus seinem Zettel einen Papierflieger und wartet auf das Zeichen zur allgemeinen Flugfreigabe.

Jeder Schüler hebt einen Flieger auf und liest die Angaben.

Wer errät, von welchem Mitschüler der Flieger stammt?

Ich kann ...

Gehen Sie durch die Klasse und fordern Sie nacheinander verschiedene Schüler auf, den Satz „Ich kann ...“ zu ergänzen. Das muss keinesfalls etwas Sensationelles sein. Die Sätze könnten lauten:

- „Ich kann Pudding kochen.“
- „Ich kann auf Polnisch bis zehn zählen.“

- „Ich kann den Unterschied zwischen Coca Cola und Pepsi Cola am Geschmack erkennen."
- „Ich kann meinen Babybruder wickeln."

Wiederholen Sie das Spiel an mehreren Tagen, so dass bestimmt jeder Schüler einmal an der Reihe war.

Genau wie ich!

Ein Schüler kommt vor die Klasse und ruft einen Mitschüler auf, der zu ihm nach vorne kommt. Nun soll der erste Schüler irgendeine Angabe machen, in der sich sein Partner und er gleichen, zum Beispiel: „Peter spielt Fußball, genau wie ich."
Jetzt setzt sich der erste Schüler wieder auf seinen Platz und der Peter ruft einen Mitschüler zu sich nach vorne. Peter sucht nach einer Gemeinsamkeit und findet vielleicht: „Luisa trägt eine Brille, genau wie ich."

Zick-Zack

Je nach Größe der Klasse werden die Schüler zunächst in etwa sechs Gruppen eingeteilt.
Jede Gruppe bildet einen Kreis und ein Gruppenmitglied, zum Beispiel Florian, bekommt einen Ball. Er nennt nun den Namen eines anderen Gruppen-mitgliedes, vielleicht „Julia", und wirft ihr den Ball zu.
Wurde die Julia bei ihrem richtigen Namen genannt, fängt sie den Ball, nennt den Namen eines anderen Schülers ihrer Gruppe, zum Beispiel „Tim", und wirft ihm den Ball zu. War schließlich jedes Kind einmal an der Reihe, geht der Ball wieder an den Florian.
Die Gruppe muss nun den Ball im gleichen Zick-Zack-Muster wie vorher von Kind zu Kind werfen und natürlich auch jedes Mal den entsprechenden Namen des Empfängers nennen. Wird ein Kind mit falschem Namen benannt, so lässt es den Ball seelenruhig an sich vorbeifliegen und der Werfer versucht noch einmal sein Glück.
In der zweiten Spielrunde vereinigen sich immer zwei Gruppen und spielen nach dem gleichen System wie zuvor in der Kleingruppe. Schließlich sollte es nur noch eine Gruppe geben, alle Schüler sollten die Namen ihrer Mitschüler wissen und auch das Zick-Zack-Muster sollte fehlerlos wiedergegeben werden.

Nomen est omen

Suchen Sie jeden Tag den Namen eines anderen Kindes im Lexikon der Vornamen und lesen Sie die Bedeutung des Namens vor.
Kinder sollten auch ihre Eltern fragen, warum sie ausgerechnet diesen Namen ausgewählt haben, und der Klasse davon erzählen. Vielleicht hieß ja die Urgroßmutter so oder eine berühmte Sportlerin, vielleicht hätte die Mutter selbst gerne so geheißen, …

Schnittmengen

Zur Musik laufen alle Kinder kreuz und quer durchs Klassenzimmer. Sobald die Lehrerin die Musik abbricht, bilden die Kinder Zweiergruppen. Jedes schreibt seinen Namen in großen Druckbuchstaben auf einen Zettel. Dann wird genau nachgesehen, welche Buchstaben in beiden Namen vorkommen.
Beispiel: FLORIAN   SELINA
In beiden Namen kommen die Buchstaben L, I, A und N vor.
Florian und Selina haben also vier Buchstaben gemeinsam.

Sind alle Kinder fertig, ertönt wieder Musik und die zweite Spielrunde startet. So werden fünf Runden gespielt. Am Ende wird kontrolliert, welches Schülerpaar die meisten und welches die wenigsten gemeinsamen Buchstaben in den Vornamen finden konnte.

Rätselhafte Mitschüler

Ein Schüler setzt sich in die Mitte des Raumes auf einen Stuhl, alle anderen Schüler setzen sich in einiger Entfernung von ihm auf den Boden. Die Lehrerin verbindet dem in der Mitte sitzenden Kind die Augen und gibt einem beliebigen Mitschüler ein Zeichen. Der steht daraufhin auf und geht dreimal langsam um den „Blinden" herum. Der „Blinde" achtet genau auf die Bewegungen des anderen, auf die Art seiner Schritte und jedes winzige Zeichen, das ihm helfen könnte, die Person zu erraten.
Gelingt dem „Blinden" das, darf er gleich dem rätselhaften Mitschüler die Augen verbinden und ein anderes Kind aussuchen, das von ihm erraten werden soll.
Gelingt es dem „Blinden" nicht, die Person zu erraten, fordert er sie auf, sich zu räuspern oder etwas zu pfeifen. Na, jetzt gelingt es aber bestimmt, den Mitschüler zu identifizieren.

Einer unter uns

Jeder Schüler erhält eine Kopie vom Klassensitzplan. Der Lehrer sucht sich einen beliebigen Schüler aus und macht nun nacheinander viele verschiedene Angaben, was alles *nicht* auf diesen Schüler zutrifft. Zum Beispiel:

- Die Rätselperson trägt heute keine Bluejeans.
- Die Rätselperson sitzt nicht in der Fensterreihe.

Nach jeder Angabe streichen die Kinder mit Bleistift alle Schüler auf ihren Blättern aus, die durch das Gitter fallen, in unserem Fall also bisher alle Bluejeans-Träger und alle, die in der Fensterreihe sitzen.
So wird weiter gemacht, bis nur noch die Rätselperson übrig ist.
Jetzt radieren die Kinder alle Striche auf ihren Kopien wieder aus und ein Schüler darf in der nächsten Spielrunde die Rolle des Lehrers übernehmen.

Merkwürdige Vornamen

Jedes Kind hält sich ein Blatt Papier an die Stirn und schreibt seinen Vornamen auf. Achten Sie darauf, dass alle Kinder gleichzeitig schreiben!
Wenn die Kinder dann ihre Namen betrachten, werden sie sich wundern: Die Namen sind in Spiegelschrift geschrieben.
Was ist passiert? Die Kinder haben, wie sie es gewöhnt sind, von links nach rechts geschrieben.

Blitzballon

Zum Kennenlernen von Namen eignet sich dieses unkomplizierte Spiel ganz prima:
Alle Kinder sitzen im Kreis, eines erhält einen aufgeblasenen Luftballon. Dieses Kind stupst den Ballon an, damit er möglichst hoch in die Luft schwebt, und nennt den Namen eines Mitschülers. Der springt auf und versucht den Ballon aufzufangen, bevor der „aufgeblasene Bursche" den Boden berührt. Gelingt ihm das, darf er seinerseits den Ballon anstupsen und den Namen eines anderen Kindes nennen. Berührt der Ballon aber den Boden, bevor ihn der Aufgerufene erwischt, darf dasselbe Kind noch einmal spielen.

Die fröhliche Busfahrt

Nach dem Prinzip des „Kofferpackens" wird jetzt ein Schulbus mit Kindern beladen. Der Erste sagt: „Ich heiße Philipp und fahre mit dem Bus."
Das nächste Kind wiederholt den Namen des vorherigen Passagiers und fügt den eigenen an, zum Beispiel: „Das ist der Philipp, ich bin die Melanie und wir fahren mit dem Bus."
So wird der Bus mit immer mehr Schülern gefüllt, bis schließlich die ganze Klasse im Bus sitzt, die Lehrerin als Letzte den imaginären Bus besteigt und die Namen aller Schüler in der Reihenfolge ihres Einsteigens wiederholen darf.

2 Minutenspiele im Deutschunterricht

Buchstabentausch

Die Lehrerin schreibt ein kurzes Wort an die Tafel, z. B.: „Hund".
Die Schüler sollen jetzt alle Wörter aufschreiben, die man bilden kann, indem man nur einen einzigen Buchstaben verändert. (Hand, rund, Bund, Fund, ...)
Das Kind, das die meisten Wörter gefunden hat, gewinnt diese Spielrunde und darf das nächste Ausgangswort angeben.

Die Wörtertabelle

Jeder Schüler erhält ein Blatt mit einer Tabelle.
Je nachdem, welcher Rechtschreibfall gerade durchgenommen wurde, sucht nun jeder still für sich passende Wörter und trägt sie in seine Tabelle ein.
Beispiel: Gesucht werden Wörter mit **z**.

1	2	3	4	5	6	7	8	9	10	11	12
K	e	r	z	e							
S	c	h	m	e	r	z	e	n			
A	r	z	t								
k	r	a	t	z	e	n					
F	l	i	e	g	e	n	p	i	l	z	

Nach fünf Minuten Schreib- und Nachdenkzeit werden die Punkte ermittelt. Je nachdem, an welcher Stelle der gesuchte Buchstabe steht, gibt es entsprechend viele Punkte. In unserem Fall hätten wir genau 30 Punkte ergattert.

Das Abc-Spiel

Ein Spieler sagt nach altbekannter „Stadt – Land – Fluss"-Manier laut A und rasselt in Gedanken das Alphabet weiter, bis ein anderer Spieler „Stopp!" ruft. Der Buchstabe, den der Aufsager in diesem Augenblick im Sinn hatte, wird laut genannt, zum Beispiel: „P".
Genauso wird der zweite Buchstabe bestimmt, vielleicht das „S".
Jetzt überlegen sich alle Spieler so viele Wörter wie möglich, in denen beide Buchstaben vorkommen, beispielsweise: Pisa, Sippe, Puste, spielen, ...
Die Spieler haben fünf Minuten Zeit, die Wörter aufzuschreiben. Wer nach der Kontrolle die meisten Wörter nachweisen kann, gewinnt das Spiel.

Schwieriger wird das Spiel, wenn nur Wörter einer bestimmten Wortart notiert werden dürfen oder wenn ein dritter Buchstabe hinzukommt.
Beispiele:

● Adjektive mit i, n: klein, winzig, blind, kantig, intelligent, ...
● Wörter mit drei Vorgabebuchstaben R, B, F: Brief, Farbe, Beruf, ...

Versteckt!

Den Schülern wird eine bestimmte Buchstabenfolge vorgegeben, zu der sie innerhalb von fünf Minuten möglichst viele Wörter finden sollen.
Beispiele:

● **ege**: R**ege**n, f**ege**n, l**ege**n, S**ege**n, b**ege**gnen, D**ege**n, W**ege**, H**ege**r, ...
● **und**: H**und**, ges**und**, Gr**und**, B**und**, W**und**e, **und**ankbar, ...

Ist die Spielzeit vorbei, werden die Ergebnisse so ausgewertet:
Wurde nur vor die Buchstabenfolge *oder* dahinter ein oder mehrere Buchstaben angefügt, erhält man für dieses Wort einen Punkt, zum Beispiel: **eck**: L**eck**, **Eck**e, D**eck**, ...
Wurde die Buchstabenfolge vorne *und* hinten ergänzt, gibt es dafür zwei Punkte, zum Beispiel: **eck**: W**eck**er, H**eck**e, Sch**eck**buch, ...

Ordnung muss sein!

Jeder Schüler hat den Nachschriftentext vor sich. An der Tafel stehen etwa acht Wörter aus dem Text in ungeordneter Reihenfolge. Die Aufgabe der Schüler besteht nun darin, diese Wörter in der Reihenfolge auf ihre Blöcke zu schreiben, wie sie im Text vorkommen.
Sind alle fertig, werden die Ergebnisse mit denen des Partners ausgetauscht und korrigiert. Alle Kinder, die diese Wörter fehlerfrei und in der richtigen Reihenfolge aufgeschrieben haben, sind Gewinner des Spiels.

Mitschüler raten

Jeder Schüler wird aufgefordert, fünf Angaben zu seiner Person auf einen Zettel zu schreiben. Die Angaben sollten so ausgewählt werden, dass sie etwas Typisches verraten.
Beispiele:

● Ich verliere leider oft meine Haargummis.
● Ich binde mir nie die Schnürsenkel von meinen Turnschuhen zu.

Sind alle Schüler fertig, werden die Zettel eingesammelt und gut gemischt. Die Lehrerin zieht einen Zettel, liest die Angaben vor und lässt die Schüler raten, auf welches Kind die Angaben zutreffen.

Minuten-Poesie

Minigedichte nach diesem Schema herzustellen ist kinderleicht!
An der Tafel stehen diese Fragen:

1. Von welchem Tier oder Ding soll dein Gedicht handeln?
2. Nenne zwei Eigenschaftswörter, die es beschreiben.
3. Nenne zwei Adverbien, die die Art seiner Bewegung beschreiben.
4. Nenne zwei Verben, die zu deinem Tier oder Ding passen!
5. Wie fühlst du dich, wenn du an dein Tier oder Ding denkst?
6. Wiederhole den Namen von deinem Tier oder Ding und verdrehe ihn, so dass er möglichst lustig klingt!
7. Wiederhole den Namen von deinem Tier oder Ding!

Das Ergebnis könnte ungefähr so aussehen:

1. Wackelpudding
2. kalt und weich
3. rutschend und gleitend
4. wackelt und zittert
5. Macht mich hungrig.
6. Packelzuckling
7. Wackelpudding

Wörter im Quadrat

Jeder Schüler malt sich auf dem Block ein Quadrat von 5 x 5 Kästchen auf. Jedes Kästchen sollte so groß sein, dass man ein Wort hineinschreiben kann.
Nun darf ein Schüler ein Wort vorgeben, das aus fünf verschiedenen Buchstaben besteht, zum Beispiel: BLUME.
Die Buchstaben von diesem Wort werden jetzt einmal waagrecht oben über die Kästchen geschrieben und dann noch einmal senkrecht vor die erste Kästchenreihe. Das sieht dann ungefähr so aus:

	B	L	U	M	E
B	Bob	Ball	blau	Baum	Biene
L	lieb	Luftventil	lau	lahm	Leine
U	Urlaub	**Unfall**	Uhu	um	Unke
M	Mob	Mahl	Moldau	Mumm	Mühle
E	Espenlaub	edel	Efeu	enorm	Ende

Am Beispiel **Unfall** wird das Spielprinzip verdeutlicht:
● Mit dem waagrecht stehenden Buchstaben (hier: **U**) soll das Wort beginnen.
● Mit dem senkrecht stehenden Buchstaben (hier: **L**) soll das Wort enden.

Nach diesem Schema suchen die Schüler je ein Wort für ein Feld. Nach fünf Minuten wird die Wörtersuche beendet. Die Schüler lesen ihre Ergebnisse vor und werten jedes richtige Wort mit einem Punkt. Wer die meisten Punkte hat, ganz klar, der gewinnt.

Doppelmoppel

Innerhalb von fünf Minuten sollen die Schüler so viele Wörter wie möglich aufschreiben, in denen doppelte Buchstaben vorkommen.
Ist die Sammelzeit vorbei, werden die Blätter ausgetauscht, so dass jeder ein fremdes Blatt zum Korrigieren vor sich hat.
Die Wertung:
Grundsätzlich werden nur solche Wörter in die Wertung mit einbezogen, die leserlich sind.

Ein Wort mit Doppelmitlaut (Ba**gg**er, Kü**mm**el, ...)	= 1 Punkt
Ein Wort mit Doppelselbstlaut (F**ee**, M**oo**s, ...)	= 1 Punkt
Wörter mit zwei Doppelmitlauten (Gu**mm**ischwa**mm**, ...)	= 2 Punkte
Wörter mit einem Doppelmitlaut und einem Doppelselbstlaut (Schn**ee**ma**nn**, ...)	= 3 Punkte
Wörter mit zwei Doppelselbstlauten (M**oo**rs**ee**,...)	= 5 Punkte

Ja und dann wird gerechnet und verglichen, bis der Tagessieger im Doppelmoppel feststeht.

Überschrift!

Die Lehrerin schreibt einen Satz an die Tafel, bei dem jedoch ein wichtiges Wort fehlt, z. B.: „Erwin wohnt in _____ ."
Die Schüler sollen jetzt den Text abschreiben und sich überlegen, welches Wort in die Lücke eingesetzt werden könnte.
Es geht dabei jedoch nicht darum, einen möglichst logischen Satz zu bilden, zum Beispiel „Erwin wohnt in einem Haus.", sondern hier werden Punkte für Kreativität und Originalität vergeben.
Siegverdächtig in diesem Falle wäre der Satz: „Erwin wohnt in einem Wolkenkratzerschneckenhaus."
Wenn solche Aussagen dann noch mit passenden Adjektiven, in unserem Fall zum Beispiel „grünschleimig gestreift", gewürzt werden, kann man sich das Lachen nur noch schwer verkneifen.

Buchstabenfavoriten

Jedes Kind wird aufgefordert einen Satz zu bilden, und zwar so, dass möglichst viele Wörter mit seinem Lieblingsbuchstaben beginnen. Zum Beispiel: „Günter gräbt viele grün gestreifte Gurken aus."
Für jedes Wort, das mit dem ausgewählten Buchstaben beginnt, erhält das Kind einen Punkt. Dieser Satz hätte also fünf Punkte eingebracht. Der Satz „Tante Tina trägt Tomaten, Torten und ein Telefon zu Tims Tankstelle." würde dem Verfasser acht Punkte bringen.
Wer bildet den punkteschwersten Satz?

Hör genau!

Fünf Kinder kommen zur Tafel, jedes erhält von der Lehrerin ein Buchstabenkärtchen und versteckt es hinter seinem Rücken. Abwechselnd dürfen nun die Mitschüler Merkwörter nennen, zum Beispiel das Wort „während". Jedes Kind an der Tafel hört ganz genau hin und überlegt, ob der Buchstabe, der auf seinem Kärtchen steht, im genannten Wort vorkommt. Wenn „ja", dann zeigt das Kind sein Kärtchen vor. Kommt der Buchstabe aber im genannten Wort nicht vor, lässt man das Kärtchen hinter dem Rücken.
Nach etwa acht Merkwörtern wird die Crew an der Tafel durch andere Kinder ausgetauscht.

Das Buchstabenquadrat

An die Tafel wird ein Quadrat mit 4 x 4 Kästchen gezeichnet und dann mit 16 Buchstaben gefüllt. Seltene Buchstaben wie Q, Y und X lässt man besser weg.

Beispiel:

R	F	N	H
G	L	O	C
K	E	T	B
S	M	A	D

Die Schüler spielen in Gruppen gegeneinander. Jede Gruppe ist abwechselnd an der Reihe, mit drei Buchstaben des Quadrates, die waagrecht, senkrecht oder diagonal direkt nebeneinander stehen, ein Wort zu bilden. Für jede richtige Lösung erhält die jeweilige Gruppe einen Punkt. Ein Mitglied der Gruppe kommt nach der Nennung des Wortes an die Tafel und kreist die drei, im Wort verwendeten Buchstaben ein. Diese Buchstabengruppe darf nicht noch einmal verwendet werden, jedoch darf jeder Buchstabe daraus in einer anderen Kombination wieder verwendet werden.
Beispiel: Eine Gruppe bildet aus den ersten drei Buchstaben senkrecht R, G, K das Wort **GURKE**. Die nächste Gruppe kann nun beispielsweise das R wiederverwenden und mit den ersten drei Buchstaben waagrecht R, F, N das Wort **FR**IEREN bilden.
Es gewinnt die Gruppe, die das Spiel am längsten „durchhält", also auch wenn alle anderen Gruppen schon aufgegeben haben, immer noch ein neues Wort bilden kann. Zugelassen sind übrigens alle Wortarten!

Anfang und Ende

Damit bei diesem Spiel jeder Schüler möglichst oft an der Reihe ist, spielt jede Gruppe für sich. Die Lehrerin geht von Gruppe zu Gruppe und gibt jeder einen Anfangsbuchstaben und einen Endbuchstaben vor, zum Beispiel: **S** und **t**. Nun nennt abwechselnd jedes Gruppenmitglied ein Wort, das die Vorgabe erfüllt. In unserem Fall vielleicht: **S**aa**t**, **St**aa**t**, **S**uch**t**, **S**af**t**, **S**onnenhu**t**, ...

Wer kein neues Wort mehr bilden kann, scheidet aus, passt aber genau auf, dass kein Wort doppelt genannt wird. Wer ganz am Schluss, wenn alle anderen Gruppenmitglieder schon kapituliert haben, immer noch ein neues Wort weiß, wird Sieger.

Das Wortarten-Spiel

An der Tafel steht „Namenwort" in roter Farbe, „Tunwort" in grüner und „Eigenschaftswort" in blauer Farbe.

Nun darf zuerst jeder Schüler einen beliebigen Satz mit diesen drei Wortarten bilden und den entsprechenden Farbcode dazuschreiben.

Beispiel: Das wilde Pferd springt über einen hohen Zaun.

In den Farbcode übersetzt heißt der Satz:

Das – blauer Punkt – roter Punkt – grüner Punkt – über – einen – blauer Punkt – roter Punkt.

Einige Schüler dürfen ihre codierten Sätze an die Tafel schreiben und die Mitspieler knobeln Sätze aus, die in dieses Satzschema passen. Das könnte dann zum Beispiel ein Satz wie dieser sein: Der berühmte Schriftsteller schreibt über einen rätselhaften Fund.

Aber auch für Wettbewerbe ist dieses Spiel geeignet. Dazu schreibt die Lehrerin einen codierten Satz an die Tafel. Die Schüler knobeln und erhalten für jeden passenden Satz, der innerhalb von zwei Minuten niedergeschrieben wurde, einen Punkt für die jeweilige Gruppe.

Das Wortfelder-Spiel

Schreiben Sie ein Wort an die Tafel, zu dem die Schüler möglichst viele, originelle Synonyme finden sollen. Jedes Kind arbeitet still für sich auf dem Block. Nach fünf Minuten werden die Ergebnisse vorgelesen. Jeder Schüler, der ein genanntes Wort aufgeschrieben hat, streicht es jetzt durch, meldet sich und liest seine restlichen Wörter vor. Für jedes Synonym, das kein anderer Mitspieler gefunden hat, bekommt man einen Punkt. Der Spieler mit den meisten Punkten gewinnt.

Tipp: Auf die gleiche Weise lässt man die Schüler nach möglichst ausgefallenen Reimwörtern zu vorgegebenen Wörtern suchen.

Schnipp-schnapp

An der Tafel stehen etwa 20 ausgewählte Merkwörter. Die Lehrerin deutet auf das erste Wort, zum Beispiel: „Geheimnis", und die Schüler buchstabieren es der Reihe nach: Der erste Schüler sagt: „G", der zweite sagt „e", der dritte „h" und so weiter.

Ist das Wort fertig buchstabiert, sagt der Schüler, der als nächster an der Reihe wäre: „schnipp" und sein Nachbar „schnapp". Derjenige, der „schnapp" sagen muss, scheidet aus. Der nächste Spieler in der Reihe nennt dann den ersten Buchstaben vom zweiten Merkwort.

Buchstaben raten

„Buchstaben raten" macht allen Grundschulkindern ab der 1. Klasse großen Spaß.

Jedem Kind wird ein Buchstabenkärtchen mit einem Streifen Tesafilm auf den Rücken geklebt. Dann gehen die Kinder im Klassenzimmer spazieren und fragen die anderen „Wanderer", an denen sie vorbeikommen, ob der eigene Buchstabe z. B. im Wort „Auto" vorkommt oder in „Blume" usw.

Durch Kombinieren und geschicktes Fragen soll jeder möglichst schnell herausbekommen, welcher Buchstabe auf seinem Rücken klebt.

Wer meint, den Buchstaben erraten zu haben, läuft zum Lehrer und fragt nach. Die schnellsten drei Buchstabendetektive verdienen einen kleinen Preis.

Das Nachbarspiel

Ein Spieler sagt laut: „A" und rasselt in Gedanken das Alphabet weiter, bis ein Mitspieler „Halt!" ruft. Den Buchstaben, den der Spieler in diesem Moment im Sinn hat, nennt er jetzt laut, zum Beispiel „P".

Der Mitspieler, der nun zuerst den Vorgänger des genannten Buchstabens nennen kann, in unserem Fall also „O", erhält einen Punkt. Wer zuerst zehn Punkte auf sein Konto buchen kann, gewinnt das Spiel.

Pieps!

Die Spieler überlegen sich ein beliebiges Wort, anfangs ein eher kurzes, wie z. B. „Blume", später dann solche Horror-Wörter wie „Handschuhfach", „Kaugummipapier" oder „Entwicklungshilfeabteilung".

Nun wird abwechselnd der Reihenfolge nach jeweils ein Buchstabe des Alphabets genannt, jedoch solche Buchstaben, die im „Geheimwort" vorkommen mit „pieps" ersetzt.

Also bei „Blume" heißt es dann: A, pieps, C, D, pieps, F, ...

Alles klar? Dann spielen Sie oft, denn dieses Spiel ist nicht nur außerordentlich hilfreich für das Rechtschreiben, es schult auch, wie kaum ein anderes Spiel, die Konzentration!

Buchstaben kringeln

Etwa vier bis maximal acht Schüler spielen zusammen. Zuerst schreibt jeder alle 26 Buchstaben des Alphabets kreuz und quer durcheinander auf ein Blatt Papier. Die Blätter werden eingesammelt, gemischt und so wieder ausgeteilt, dass jeder Spieler ein fremdes Blatt vor sich hat.

Der Spielleiter nennt jetzt einen beliebigen Buchstaben, zum Beispiel „K". Sofort sucht jedes Kind nach dem K auf seinem Zettel. Wer es zuerst findet, schreit lauthals „Hier!" und darf das K als Einziger auf seinem Blatt einkreisen.

So wird weitergespielt, bis jeder Buchstabe einmal gesucht wurde. Am Ende gewinnt natürlich der Spieler, der die meisten Buchstaben einkringeln durfte.

Die Wörterfabrik

An der Tafel sind drei Kreise mit Buchstaben zu sehen, zum Beispiel:

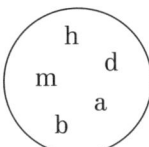 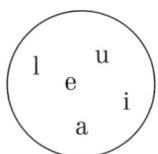 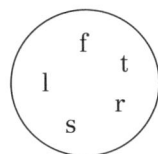

Jeder Schüler wird nun aufgefordert möglichst viele Wörter zu bilden, wobei er von jeder Buchstabengruppe einen in der richtigen Reihenfolge verwenden muss.

Möglich wäre: bis, als, der, hat, mal, ...

Doppelwörter

Gesucht werden Wörter, die aus zwei gleichen Silben bestehen, so wie: Jo-Jo, Kerker, Mama, Toto, …

Die Schüler haben fünf Minuten Zeit, so viele passende Wörter wie möglich zu finden.

3 Minutenspiele im Mathematikunterricht

Bingo!

Jeder Schüler darf sich fünf verschiedene Zahlen aus dem Bereich bis 20 auf seinen Block schreiben, z. B.: 3, 18, 15, 9, 19.

Der Lehrer stellt nun nacheinander beliebige, einfache Rechenaufgaben, deren Ergebnisse in diesem Bereich liegen, beispielsweise 9 + 6 = ?.

Er ruft einen Schüler auf, der die Aufgabe laut vorrechnet. Die Mitschüler vergleichen ihre Bingozahlen mit dem Ergebnis. Wer die entsprechende Zahl notiert hatte, darf sie jetzt auf seinem Block streichen. So wird weitergerechnet, bis schließlich ein Schüler alle fünf Bingozahlen durchgestrichen hat. Er ruft laut „Bingo!" und hat gewonnen.

Zählen oder messen?

Fragen Sie die Schüler nacheinander nach verschiedenen Dingen, die man entweder zählen oder messen wird. Die Schüler notieren ein „z" auf ihren Blöcken, wenn die Gegenstände gezählt werden und ein „m" für alles, das gemessen wird, zum Beispiel:

- Brötchen (z)
- Temperatur (m)
- Lebensjahre (z)
- Bauchumfang (m)
- Kinder im Klassenzimmer (z)
- Fieber (m)
- Plätze im Kino (z)
- Entfernung (m)

Zur Kontrolle lesen die Schüler einfach die notierten Buchstaben vor, in unserem Fall also: z, m, z, m, z, m, z, m.

Fragen Sie die Kinder auch, womit sie die Messungen durchführen würden (Lineal, Thermometer, Uhr, …) und welche Maßeinheit wohl günstig wäre (Zentimeter, Grad, Quadratmeter, Liter, …).

Das Froschhüpfen

Die Schüler werden in vier gleich große und möglichst auch gleich starke Rechengruppen eingeteilt. Jede Gruppe wählt einen Frosch aus, der nun gegen die anderen drei um die Wette hüpfen soll.

Die Frösche stellen sich zunächst an einer Wand des Klassenzimmers nebeneinander auf.

Die Lehrerin stellt nacheinander einfache Froschaufgaben, zum Beispiel: „Ein Frosch fängt jeden Tag sieben Fliegen. Wie viele Fliegen fängt er in der Woche?" oder: „Wenn Charly Frosch jeden Tag fünf Minuten Klavierspielen übt, wie viele Tage dauert es dann, bis er eine Stunde geübt hat?" oder: „Sechs Frösche befinden sich im Teich. Drei gehen jetzt zum Golfspielen. Wie viele Frösche bleiben zurück?"

Je nachdem, welche Gruppe zuerst die richtige Antwort nennt, darf deren Frosch aus dem Stand einen Sprung in Richtung der gegenüberliegenden Wand tun. Es gewinnt die Gruppe, deren Frosch dort zuerst ankommt.

Das Zahlenrätsel

Wählen Sie eine beliebige Zahl in einem Zahlenraum, der den Kindern gut bekannt ist. Zum Beispiel: Zahlenraum bis 100, Rätselzahl 54. Schreiben Sie diese Zahl auf einen Zettel, falten Sie ihn zusammen und behalten Sie ihn in der Hand.

Alle Schüler dürfen jetzt gemeinsam 10 Fragen stellen, die wahrheitsgemäß jeweils mit „ja" oder „nein" beantwortet werden.

Kluge Fragen wären beispielsweise:

- Ist die Zahl größer als 50?
- Ist es eine gerade Zahl?
- Ist die Zehnerzahl größer als die Einerzahl?

Wer zuerst das Zahlenrätsel löst und die Lösungszahl nennt, darf sich zur Belohnung gleich selbst eine neue Zahl aussuchen und den Job der Lehrerin übernehmen.

Mini-Mathe

Eine Zahl, zum Beispiel 42, wird an die Tafel geschrieben. Die Lehrerin beginnt das Spiel und sagt vielleicht „31". Der Schüler, der jetzt zuerst angeben kann, was mit der Ausgangszahl 42 gemacht wurde, um 31 zu erhalten, also: „minus 11", darf gleich das nächste Rätsel vorgeben, beispielsweise „70".

Wichtig ist, dass stets die Zahl an der Tafel und nicht das vorangegangene Ergebnis den Ausgang jeder neuen Rechnung bildet.

Das Rennen zur 25

Immer zwei Schüler spielen gegeneinander an der Tafel.
Der erste schreibt die Zahl 1 und, wenn er will, auch noch die Zahl 2 an die Tafel. Sein Spielpartner fügt nun die nächste oder die beiden nächsten Zahlen an. Derjenige, der schließlich die Zahl 25 an die Tafel schreibt, gewinnt das Spiel.

Beispiel: Spieler A schreibt: 1 2
Spieler B schreibt: 3
Spieler A schreibt: 4
Spieler B schreibt: 5 6
usw.

Die lebendige Zahlenreihe

Ein bestimmter Zahlenraum, der den Schülern geläufig ist, bildet die Basis zu diesem Spiel, zum Beispiel der Zahlenraum bis 100.
Jedes Kind wird aufgefordert eine beliebige Zahl aus diesem Zahlenraum auszuwählen und auf ein Blatt zu schreiben.
Sind alle Kinder damit fertig, kommen sie vor zur Tafel und versuchen sich möglichst schnell so in einer Reihe aufzustellen, dass ihre Zahlen in der richtigen Reihenfolge sind.
Was anfangs noch ein ziemliches Durcheinander ergibt, wird nach ein paar Spielrunden (die Blätter werden eingesammelt, gemischt und wieder neu verteilt) schon wesentlich geordneter vonstatten gehen, vor allem wenn die Zeit gestoppt wird, wie lange die Schüler zur Bewältigung dieser Aufgabe brauchen.

Minuten-Quiz

Ein Schüler geht durch die Klasse und stellt nacheinander zehn beliebigen Schülern kleine Zahlenrätsel, zum Beispiel:

● Nenne eine Zahl, die kleiner ist als 25, aber größer als 12!
● Welche durch 4 teilbare Zahl ist kleiner als 22, aber größer als 8?
● Welche ungerade Zahl liegt zwischen 42 und 44?
● Nenne eine Zahl, deren Zehnerzahl doppelt so groß ist wie die Einerzahl!
● usw.

Wo liegt das Problem?

Schreiben Sie eine beliebige Antwort zu einer imaginären Textaufgabe an die Tafel, zum Beispiel die Antwort: Tom hat in dieser Woche 28 Seiten gelesen.

Alle Kinder sollen jetzt zu dieser Antwort einen Aufgabentext und eine Frage formulieren und aufschreiben.

Beispiel: Tom liest jeden Abend vier Seiten in seinem neuen Abenteuerbuch. Frage: Wie viele Seiten hat Tom nach einer Woche gelesen?

Weitere Beispiele für Antworten können sein:

- Im Parkhaus sind noch sechs Plätze frei.
- Für Lebensmittel bleiben der Familie Schnitzelblitz noch 200 € im Monat.
- Anjas Schultasche wiegt 4 Kilo und 250 Gramm.
- Es bleiben ihr 14 Eier übrig.

Kleine Rückenmathematik

Die Schüler spielen in Partnergruppen zusammen.

Zuerst schreibt ein Kind seinem Partner ganz langsam mit dem Finger eine Zahl auf den Rücken. Der Partner passt genau auf und nennt dann die Zahl.

In der nächsten Spielrunde schreibt jeder seinem Partner eine Rechenaufgabe auf den Rücken, beispielsweise 4 + 3 und der Rechner schreibt seinem Partner die Lösung, in unserem Fall 7, auf den Rücken.

Klar, dass anschließend die Rollen getauscht werden.

Zahlensport

Immer zwei Kinder stellen sich vor die Klasse und bilden mit ihren Körpern eine Zahl, die sie vorher vereinbart haben.

Die Zuschauer betrachten das Gebilde aufmerksam. Wer zuerst die richtige Zahl nennt, darf mit seinem Partner vor die Klasse treten und die nächste Zahl vorturnen.

Der Zahlenkreis

Je nachdem, wie viele Kinder mitspielen, bereitet man Kärtchen vor, auf denen jeweils eine Zahl dieses Zahlenraumes geschrieben wird. Spielen also beispielsweise 25 Kinder, so gibt es die Zahlen von 1 bis 25.

Alle Kinder sitzen im Kreis. Die Lehrerin mischt die Karten und verteilt sie dann an die Schüler. Nun überlegt sie sich eine beliebige Zahl, vielleicht 17, und nennt sie laut. Derjenige, der dieses Kärtchen in Händen hält, zeigt es den Mitspielern und hängt es mit einem Stückchen Klebestreifen an die Tafel. Das Kind setzt sich wieder und die restlichen Kärtchen werden im Kreis weitergereicht, bis die nächste Zahl ausgerufen wird.

So nennt die Lehrerin nacheinander alle Zahlen. Die Kinder müssen beim Aufhängen ihrer Kärtchen gut aufpassen, wo sie diese hinhängen, denn am Ende sollen alle Zahlen in richtiger Reihenfolge an der Tafel zu lesen sein.

Variation:

Auf den Kärtchen stehen nur die Zahlen von 1 bis 10. Es gibt also mehrere Kinder, die die gleiche Zahl haben. Auf das Startzeichen hin werden die Kärtchen rhythmisch dem rechten Sitznachbarn weitergereicht. So geht das eine Weile, bis die Lehrerin „Stopp!" ruft und eine beliebige Zahl nennt, beispielsweise „4". Jetzt scheiden alle Kinder aus, auf deren Karten diese Zahl steht.

Die übrigen Kinder aber geben die Kärtchen auf das Zeichen der Lehrerin wieder weiter. So wird gespielt, bis schließlich nur noch eine Zahl (aber durchaus auf mehreren Kärtchen) im Umlauf ist.

Der Zahlenreihen-Wettbewerb

Die Klasse wird in zwei gleich große Gruppen eingeteilt, jede Gruppe begibt sich an eine gegenüberliegende Wand im Klassenzimmer. Jedes Kind bekommt ein Kärtchen mit einer Zahl, so dass zum Beispiel in einer Klasse mit 28 Kindern die Zahlen 1 bis 14 zweimal vorkommen. Die Spielaufgabe besteht darin, ohne ein Wort zu sprechen eine Reihe zu bilden, in der alle Zahlen in der richtigen Folge zu sehen sind.

Die Gruppe, die zuerst dieses Kunststück vollführt, gewinnt.

Einundsechzig

a) Zu zweit wird so gespielt:

Ein Kartenspiel wird gut gemischt und dann an die beiden Spieler verteilt, so dass jeder 16 Karten erhält.

Spielanfänger dürfen jetzt beim Addieren der Zahlenwerte einen Spickzettel benützen, Profis wissen die Werte natürlich auswendig.

Spickzettel:

● Eine Sieben, eine Acht und eine Neun sind wertlos, also 0 Punkte.

● Eine Zehn ist 10 Punkte wert, ein Bube 2 Punkte, eine Dame 3, ein König 4 und ein Ass 11 Punkte.

Jeder Spieler zählt also die Werte seiner Karten zusammen und es gewinnt, wer mindestens 61 Punkte erreicht.

Zur Probe werden die Ergebnisse beider Spieler zusammengezählt, was 120 Punkte ergeben muss.

Bei Punktegleichstand 60 : 60 gratulieren sich die Spieler gegenseitig zum Unentschieden.

b) Zu viert wird so gespielt:

Vier Spieler sitzen am Tisch, immer zwei, die sich gegenübersitzen, bilden eine Mannschaft.

Die Karten werden nach dem Mischen gleichmäßig an die Spieler verteilt, jeder erhält 8 Karten. Nun zählt jeder nach dem gleichen Schema die Werte seiner Karten zusammen, addiert die des Spielfreundes und vergleicht das Endergebnis mit dem der Gegenmannschaft.

Karten-Picken

Die Schüler spielen in Gruppen zu maximal fünf Kindern zusammen. Auf dem Tisch liegen alle Karten eines gewöhnlichen 32-teiligen Kartenspiels. Für Spielanfänger liegt ein Spickzettel mit den Kartenwerten bereit. Diese sind:

● Ass   =   1 Punkt
● König   =   4 Punkte
● Dame   =   3 Punkte
● Bube   =   2 Punkte
● Zehn   = 10 Punkte

- Neun = 9 Punkte
- Acht = 8 Punkte
- Sieben = 7 Punkte

Jeder Spieler ist abwechselnd an der Reihe, mit zwei Würfeln gleichzeitig zu spielen. Je nach addierter Augenzahl (zum Beispiel 3 + 6 = 9) darf der Spieler so viele Karten vom Tisch nehmen, wie deren Werte zusammengezählt ergeben. Bei einem Würfelergebnis = 9, könnte der Spieler zum Beispiel folgende Karten an sich nehmen: 4 x Ass = 4 Punkte, 1 x Bube = 2 Punkte und 1 x Dame = 3 Punkte. Die Werte ergeben zusammengezählt das Würfelergebnis; der Spieler hat 6 Karten ergattert.

Gewinner des Spiels ist derjenige, der am Ende, wenn alle Karten ihre Besitzer gefunden haben, die meisten erbeutet hat.

Mathe-Handball

Ein Schüler schreibt eine beliebige Zahl an die Tafel, zum Beispiel 45, schiebt die Tafel nach oben und stellt sich selbst unter die Zahl. Nun nennt er eine andere Zahl, vielleicht 62, wartet ein bisschen und wirft dann einen Ball einem Mitspieler zu. Der soll möglichst schnell angeben, was mit der Ausgangszahl angestellt wurde, um die zweite Zahl zu erhalten, also: + 17. Sind alle Mitspieler und der Aufgabensteller mit der Lösung zufrieden, wirft der Rechner den Ball wieder zurück.

Jetzt sagt der Aufgabensteller vielleicht „29" und wirft den Ball nach kurzer Bedenkzeit einem anderen Mitspieler zu.

Mathematik liegt in der Luft

Die Lehrerin steht vor der Klasse und schreibt mit langsamen Bewegungen eine Rechenaufgabe in die Luft, zum Beispiel: 7 + 5 = .

Der Schüler, der zuerst das richtige Ergebnis ruft, darf die nächste Rechnung in die Luft schreiben.

Klar, dass die Aufgaben im Laufe der Zeit schwieriger werden, bis schließlich richtige kleine Kettenrechnungen entstehen, wie: 4 + 8 – 3 + 2 – 6 = .

Um zu verhindern, dass allzu eifrige Kinder schon irgendwelche Teilergebnisse rufen, gewöhnen Sie den Kindern an, dass sie überhaupt erst etwas von sich geben dürfen, nachdem das „="-Zeichen in die Luft geschrieben wurde.

Zahlenpoker

Immer drei Schüler spielen miteinander. Einer „sammelt" die geraden Zahlen, der andere die ungeraden und der dritte ist der Schiedsrichter.

Alle drei Kinder ballen eine Hand zur Faust, zählen gemeinsam: „Eins, zwei drei!" und strecken bei „drei" beliebig viele Finger (maximal fünf, minimal null) aus. Gemeinsam werden die Finger zusammengezählt und das Ergebnis untersucht, ob es eine gerade oder eine ungerade Zahl ist.

Beispiel:

Spieler A sammelt die geraden Zahlen, Spieler B die ungeraden.

Spieler A streckt fünf Finger aus, Spieler B drei Finger und Spieler C zwei Finger. Es wird gerechnet: $5 + 3 + 2 = 10$.

Zehn ist eine gerade Zahl, darum geht der Punkt an Spieler A.

Je nach Zeit, wird fünfmal oder neunmal gespielt. Dann steht der Sieger fest.

Addieren im Quadrat

Jeder Schüler erhält ein Blatt, auf dem ein Zahlenquadrat wie dieses abgebildet ist:

9	7	2	1	5
9	3	6	3	4
1	4	2	8	7
2	2	5	6	5
8	9	1	1	5

Die Lehrerin nennt nun nacheinander beliebige Summen, zum Beispiel „Acht" und die Schüler suchen nach zwei passenden Summanden, die sie im Quadrat einkreisen. Die Summanden müssen sich aber direkt nebeneinander, senkrecht, waagrecht oder diagonal befinden, zum Beispiel: 2 und 6 oder 3 und 5, ...

Der Count-down

Immer zwei Kinder erhalten einen Ball und spielen miteinander.
Zuerst wird eine Startzahl festgelegt, zum Beispiel 100, und eine Zahl, die subtrahiert werden soll, vielleicht 5.
Der erste Spieler sagt also laut „100" und wirft den Ball zu seinem Partner.
Der sagt „95" und wirft den Ball gleich wieder zurück.
So wird weiter hin- und hergespielt, bis kein weiteres Abziehen mehr möglich ist.
Tipp: Auf die gleiche Weise können auch lange Merkwörter buchstabiert oder das Abc geübt werden.

Stehaufmännchen

Jeder Schüler erhält fortlaufend eine Nummer und soll sie sich gut merken.
Die Lehrerin nennt jetzt vielleicht eine bestimmte Zahlengruppe, zum Beispiel: Alle geraden Zahlen!
Sofort stehen alle Kinder auf, deren Zahlen gerade sind, und dürfen nacheinander ihre Zahlen nennen, also: zwei, vier, sechs, …
Danach heißt es vielleicht: Alle Zahlen, die ohne Rest durch 3 teilbar sind!
Oder: Alle Zahlen, die größer sind als 14, aber kleiner als 18!
Tipp: Das Spiel kann man auch prima im Rechtschreibunterricht einsetzen, wenn man jedem Kind einen Buchstaben zuordnet und diverse Merkwörter buchstabieren lässt.

Ratefix

Wie heißt die größte dreistellige Zahl, die ich mit den Ziffern 5, 8, 2 bilden kann?
Wie heißt die kleinste dreistellige Zahl aus denselben Ziffern?
Wie heißt die größte dreistellige Zahl, die ohne Rest durch 5 teilbar ist?
Wie heißt die kleinste dreistellige Zahl, die ohne Rest durch 3 teilbar ist?

Minutenrätsel wie diese sind erfrischender Denksport für zwischendurch und fördern die Konzentration.

Der Rechenwurm

Die Schüler werden in drei (vier, ...) gleich große Gruppen unterteilt und bilden Riegen, alle drei Riegen stehen nebeneinander.

Die Lehrerin stellt nacheinander einfache Rechenaufgaben, die aber stets nur von den „Köpfen" der Rechenwürmer, sprich von den ersten Mitgliedern jeder Gruppe, beantwortet werden dürfen. Derjenige „Wurmkopf", der zuerst das richtige Ergebnis nennt, setzt sich auf seinen Platz, so dass in seiner Gruppe jetzt der zweite Schüler den „Kopf" bildet.

So wird weitergespielt bzw. weitergerechnet. Es gewinnt der Rechenwurm, der sich zuerst aufgelöst hat.

4 Minutenspiele im Englischunterricht

Rühreisätze

Die Lehrerin schreibt einen Rühreisatz, einen Satz mit vertauschter Wortstellung, an die Tafel. Aufgabe der Kinder ist es nun, herauszufinden, in welcher Reihenfolge die Wörter einen sinnvollen Satz bilden.

Beispiel: green   a   has   Tom   got   car

Als kleine Hilfe für schwächere Schüler kann das erste Wort des Satzes farbig unterstrichen werden.

Das erste Kind, das den Satz richtig vorlesen kann, darf sich als Belohnung einen neuen Rühreisatz ausdenken und ihn an die Tafel schreiben.

Im Rückwärtsgang

An der Tafel stehen etwa acht Merkwörter. Ein Kind sucht sich ein Wort aus und buchstabiert es rückwärts. Wer zuerst weiß, um welches Wort es sich handelt, darf sich das nächste aussuchen.

Englisch geheim

An der Tafel steht ein bestimmtes Buchstabenstrichbild, zu dem die Schüler so viele englische Wörter wie möglich finden sollen.

Beispiel:

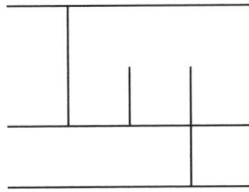

Mögliche Lösungswörter wären: dog, boy, toy, top, bag, hug, fog, leg, ...

Würfelwörter

An die Tafel werden zuerst sechs verschiedene Oberbegriffe geschrieben. Neben jedem Obergriff steht eine Würfelzahl zwischen 1 und 6, zum Beispiel:

- animals   1
- fruits   2
- furniture   3
- names   4
- vegetables 5
- clothes   6

Der erste Schüler würfelt und legt mit der gewürfelten Augenzahl den Oberbegriff fest. Beispielsweise würfelt er eine Sechs und hat somit die Kategorie „clothes" festgelegt. Dann würfelt er ein zweites Mal und bestimmt damit, wie viele Unterbegriffe er zur jeweiligen Kategorie nennen muss. Würfelt er jetzt vielleicht eine 4, so soll er vier Kleidungsstücke benennen, vielleicht: coat, shirt, dress, shorts.

Hat der Schüler seine Aufgabe erfüllt, gibt er den Würfel an den nächsten Spieler weiter.

Das Wörterbuchspiel

Wer eine Fremdsprache lernen will, muss auch in der Lage sein, Wörter im Wörterbuch nachzuschlagen. Diese Fertigkeit kann man prima in einem kleinen Wettspiel üben. Jeder Schüler hat ein Wörterbuch vor sich, die Schüler spielen in drei oder mehr Gruppen gegeneinander.

Nun stellt die Lehrerin nacheinander verschiedene Fragen und der Schüler, der zuerst die richtige Lösung nennt, erhält einen Punkt für seine Gruppe. Beispiel:

- Wie heißt die vierte Vokabel auf Seite 161?
- Welche Bedeutung hat das englische Wort „poison"? (Achtung: Wort an die Tafel schreiben!)
- Was heißt „Faden" auf Englisch?
- usw.

Das Vokabelquadrat

Auf einem asphaltierten Platz, zum Beispiel im Pausenhof, wird mit Kreide ein Buchstabenquadrat aus 16 Feldern aufgemalt. Jedes Feld sollte groß genug sein, dass ein Schüler mit einem Bein hineinspringen kann.

h	o	s	p
u	e	t	r
y	a	i	n
g	l	d	c

Nun nennt ein Schüler ein beliebiges englisches Wort, zum Beispiel: „cat", und ruft einen Mitschüler auf, der das Wort nun Buchstabe für Buchstabe im Quadrat vorspringt.

Denglisch

In die deutsche Sprache haben sich in den letzten Jahren immer mehr englische Wörter eingeschlichen. Sie sind uns mittlerweile so geläufig, dass man gar nicht mehr bemerkt, dass es sich um Wörter einer Fremdsprache handelt.
Die Schüler sollen als Hausaufgabe möglichst viele solche Wörter und Wendungen wie Try it!, light, day and night, ice-tea, … aufspüren und notieren. Besonders fündig wird man im Werbefernsehen.

Das Eine-Minute-Wortschatzspiel

Zwei Kinder kommen vor zur Tafel. Die Lehrerin stellt ihnen eine beliebige Frage, zum Beispiel: „What animals can you see at the farm?" oder: „What can you buy in a supermarket?", …
Die beiden Schüler dürfen abwechselnd passende englische Wörter nennen, z. B.: „bread, butter, bananas, milk, …
Wichtig ist aber, dass die Begriffe abwechselnd genannt werden, stockt also einer der beiden Schüler, darf sein Partner erst weiterreden, wenn ihm ein Wort eingefallen ist. Die Mitschüler stellen die Schiedsrichter dar. Sie achten genau darauf, dass kein Wort doppelt genannt wird.

Auf diese Weise darf jeder Schüler einmal mit seinem Partner vor der Klasse spielen und es gewinnt natürlich die Partnergruppe, die die meisten passenden Begriffe genannt hat.

Schwindelgeschichten

Die Lehrerin hat einen Korb voll Sachen vor sich, zu denen die Kinder schon die englische Bezeichnung kennen, zum Beispiel: einen Bleistift, ein Buch, ein Lineal usw.

Nun nimmt sie langsam nacheinander jeden Gegenstand aus dem Korb, zeigt das Ding vor und sagt zum Beispiel: „This is a pencil."

Bei einigen Dingen aber schwindelt sie. So nimmt sie vielleicht das Buch heraus und sagt mit Pokermiene: „This is a ruler."

Die Schüler lassen sich auch nichts anmerken, zählen aber still für sich die „Lügen" mit. Nach etwa zehn Gegenständen werden die Ergebnisse verglichen. Wer hat alle Schwindeleien erkannt?

5 Konzentrationsspiele

Neues aus der Presse

Jedes Kind bekommt ein Seite aus einer Tageszeitung, auf der möglichst viel Text zu sehen ist. Die Schüler stehen jetzt vor der schwierigen Aufgabe, möglichst viele Wörter mit zehn Buchstaben oder mehr im Text zu finden. Der Schüler mit den meisten Wörtern gewinnt, aber auch der Finder des allerlängsten Wortes bekommt einen Extrapunkt.

Zauberkreide

Ein Kind kommt zur Tafel und schreibt ein Wort aus dem letzten Nachschriftentext mit Zauberkreide an die Tafel. Da das Kind die Tafel mit seinem Kreidestück gar nicht berührt, sondern quasi „in der Luft" schreibt, wird die Schrift nicht sichtbar.
Sind alle Buchstaben da? Wenn ja, und das Wort richtig und unsichtbar an der Tafel steht, darf der nächste Schüler ein Geisterwort an die Tafel „zaubern".

Zwischenwörter

Ein Schüler nennt zwei beliebige Wörter, zum Beispiel: Dachs und Luftballon. Der Mitschüler, der zuerst ein Wort nennt, das im Duden zwischen den beiden steht, zum Beispiel „Flugzeug", darf gleich seinerseits das nächste Zwischenwörterrätsel vorgeben.

Telefonauskunft

Die Schüler spielen in Partnergruppen gegeneinander.
Jede Gruppe erhält ein Telefonbuch. Der Spielleiter sucht einen beliebigen Namen heraus, zum Beispiel „Erwin Schnitzelblitz", notiert dessen Telefonnummer auf einem Zettel und nennt jetzt den Namen des Teilnehmers laut. Sofort schlagen alle Kinder in den Telefonbüchern den Namen nach. Die Partnergruppe, die zuerst die richtige Telefonnummer nennt, gewinnt einen Punkt.
Um Streitigkeiten vorzubeugen ist es ratsam, den Namen des gesuchten Teilnehmers an die Tafel zu schreiben.

Sherlock Holmes

Ein Schüler wartet vor dem Klassenzimmer, bis sich die Mitspieler auf einen Gegenstand geeinigt haben, der von Sherlock aufgespürt werden soll, vielleicht der Tafelschwamm.

Sherlock wird ins Klassenzimmer gerufen und der Lehrer misst von diesem Moment an die Zeit, wie lange Mister Holmes braucht um durch geschickte Fragen nach Farbe, Form, Beschaffenheit, Nutzen und Lage herauszubekommen, um welchen Gegenstand es sich eigentlich handelt. Die Mitschüler dürfen Sherlocks Fragen nur mit „Ja" oder „Nein" beantworten.

Sobald der Detektiv den Namen des gesuchten Gegenstandes nennt, stoppt der Lehrer die Zeit und notiert, wie lange der Meister gebraucht hat um diesen verzwickten Fall aufzuklären.

War schließlich jedes Kind einmal in der Rolle des Meisterdetektivs (und das kann u. U. einen ganzen Monat dauern), wird die schnellste Spürnase zum Sieg beglückwünscht.

Die Buchstabenverwandtschaft

Alle Spieler stehen auf. Die Lehrerin nennt nun ein beliebiges Wort aus vier Buchstaben, zum Beispiel „Hand" und deutet auf den ersten Schüler. Der verändert blitzschnell einen Buchstaben des vorgegebenen Wortes und nennt es laut, beispielsweise „Hund" oder „Band" oder „Hans", …

Ist das Wort richtig, setzt sich der Schüler und sein Nachbar ist an der Reihe. Hat der erste Schüler das Wort „Hand" zu „Hans" umgeformt, könnte er nun „Gans" sagen oder „Hanf" oder „Haus".

Wer kein passendes neues Wort weiß, bleibt einfach stehen und lässt den nächsten Kollegen knobeln.

Es wird so lange weitergespielt, bis entweder alle Schüler wieder sitzen oder ein Wort gebildet wurde, zu dem auch der Lehrerin keine Umformung einfällt.

Das Abc-Spiel

Ein Schüler nennt zwei beliebige Buchstaben des Alphabets in der Reihenfolge, wie sie im Alphabet vorkommen, also beispielsweise G und L oder P und W.

Der Mitspieler, der zuerst einen Buchstaben nennt, der zwischen den beiden genannten liegt, darf die nächsten beiden Buchstaben aussuchen.

Beispiel: M und Q, mögliche Lösungsbuchstaben: N, O, P

Fünf-Finger-Stechen

Ein Schüler legt seine Hand mit gespreizten Fingern auf den Tisch. Sein Partner stellt seinen Zeigefinger vor den Daumen des Freundes, schließt seine Augen und springt mit seinem Finger nacheinander über alle Finger. Natürlich darf er dabei die Finger des Freundes nicht treffen.

Leseblitz

Jeder Schüler hat den gleichen, kurzen Text vor sich. Ein Spieler sucht sich ein beliebiges Wort im Text aus und nennt es laut, zum Beispiel „während". Jetzt überfliegen alle Mitspieler ihre Texte so schnell wie möglich. Wer zuerst das rechte Nachbarwort vorliest, gewinnt und darf sich gleich das nächste Wort aussuchen.

Achtung: Natürlich dürfen nur solche Wörter vorgegeben werden, die es nur einmal im Text gibt, also keine Wörter wie „und", „der" etc.

Wer will, kann das Spiel auch im Wettbewerb mehrerer Gruppen durchführen. Zwar spielt auch jetzt jeder für sich, aber der Punkt geht an die Gruppe und es gewinnt natürlich am Ende die Gruppe, deren Mitglieder die meisten Punkte ergattern konnten.

Die Rückwärtswörter

Ein Schüler überlegt sich ein beliebiges Wort, zum Beispiel Zebra. Er buchstabiert es rückwärts laut den Mitspielern vor, also: A, R, B, E, Z.

Die Mitspieler hören genau zu und versuchen das Wort zu entschlüsseln. Wer zuerst das richtige Wort nennt, darf das nächste Rätsel vorgeben.

Tipp: Leichter wird das Spiel, wenn man die Rätselwörter aus einem Pool vorgegebener Merkwörter aussucht.

Nachschrift rückwärts

Abwechselnd sollen die Schüler einen ihnen gut bekannten Text rückwärts Wort für Wort vorlesen. Das klingt nicht nur sehr lustig, es fordert auch die Konzentration der Leser in ganz besonderem Maße.

Ein Leser darf an einer beliebigen Stelle innehalten und den Namen eines Mitspielers nennen, der dann auch sofort rückwärts weiterliest.

Immer der Reihe nach!

An der Tafel stehen, je nach Anzahl der Schüler, etwa 30 verschiedene Zahlen, in unterschiedlicher Reihenfolge auf der Tafelfläche verteilt.

Der erste Schüler sucht aus dem Zahlengewirr die kleinste heraus und nennt sie laut. Der nächste Schüler nennt die zweitkleinste Zahl und so weiter, bis schließlich der letzte Schüler die größte Zahl vorliest.

Einfacher wird das Konzentrationsspiel, wenn ein Schüler an der Tafel die genannten Zahlen jeweils ausstreicht.

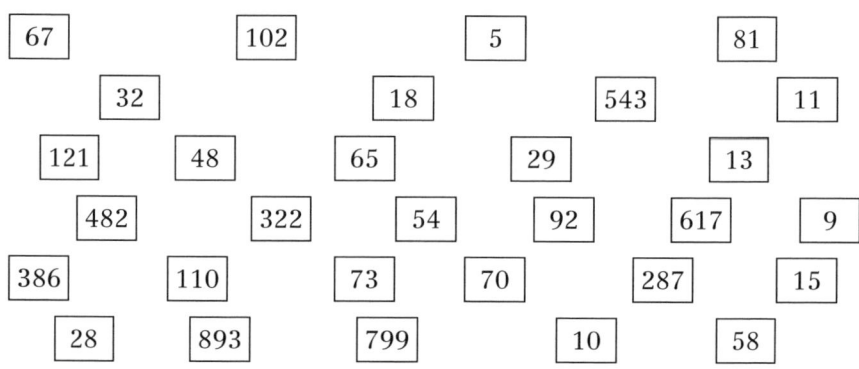

Da fehlt doch was!

Ein Schüler bereitet das Rätsel für seine Gruppe vor. Er holt aus einem Setzkasten acht verschiedene Buchstaben und legt sie auf ein weißes Blatt Papier. Dann holt er aus dem zweiten Setzkasten die gleichen Buchstaben, behält aber einen in seiner Hand. Die anderen legt er durcheinander auf ein zweites Blatt.

So, nun dürfen die restlichen Gruppenmitglieder die Buchstaben schnell vergleichen. Wer kann als Erster sagen, welcher Buchstabe fehlt? Der Sieger gibt das nächste Rätsel vor.

Variation:

Level 1: Nur große Buchstaben
Level 2: Groß- und Kleinbuchstaben
Level 3: Wörter

Handlesen

Während ein Schüler fest die Augen zuzwickt, schreibt ihm der Banknach-
bar einen Buchstaben oder ein Wort auf die Handinnenfläche. Wenn der
„Blinde" die richtige Lösung nennt, werden die Rollen getauscht.
Auf die gleiche Weise können auch Rechenaufgaben in die Handfläche geschrieben werden. Der „Blinde" nennt dann einfach das Ergebnis.

Das Duell der Giganten

Ein Kind beginnt, das Alphabet von A bis Z aufzusagen, während im selben
Augenblick die Lehrerin oder ein besonders guter Schüler das Alphabet
rückwärts aufsagt, also von Z bis A.
Na, wer ist schneller?

Wörter-Fix

Die Lehrerin liest einen kurzen Text vor und die Schüler hören aufmerksam
zu. Dann schreibt die Lehrerin fünf wichtige Wörter aus dem Text in beliebiger Reihenfolge an die Tafel. Die Schüler sollen nun diese Wörter in der
Reihenfolge ihres Erscheinens in der Geschichte sortieren und auf den
Block schreiben.
Wer alle Wörter richtig aufgereiht hat, verdient einen kleinen Preis fürs
konzentrierte Zuhören.

6 Pssst!
Spiele zum Zuhören, Nachdenken, Entspannen

Einverstanden?

Stellen Sie nacheinander zehn verschiedene Behauptungen auf und lassen Sie jedes Kind entscheiden, ob es gleicher Meinung ist oder nicht, indem Sie die Schüler auffordern, durch Handzeichen auf Ihre Behauptung zu reagieren.

Der Daumen nach oben bedeutet: „Ich bin gleicher Meinung", der Daumen nach unten bedeutet: „Ich bin entschieden dagegen".

Beispiele für Behauptungen:

- Kinder sollten täglich Spinat essen.
- Hausaufgaben sollten verboten werden.
- Jeder Mensch sollte eine Fremdsprache lernen.
- Alle Menschen sollten gleich angezogen sein.
- Jeder Schüler sollte seine Ferien nehmen können, wann er es will.
- Wenn es keine Schüler gäbe, dann gäbe es auch keine Lehrer.

Werten Sie die Entscheidungen nicht, aber lassen Sie ab und an einen Schüler erklären, warum er sich so entschieden hat.

Das Wörter-Rennen von A bis Z

Jeder Schüler schreibt auf ein Blatt Papier die Buchstaben des Alphabets untereinander. Dazu nimmt jeder noch einen Stift zur Hand und dann kann es auch schon losgehen.

Die Lehrerin nennt laut einen beliebigen Oberbegriff, zum Beispiel Vornamen, Länder, Städte, Berufe, … und gibt das Startzeichen.

Die Schüler haben jetzt genau drei Minuten Zeit, passende Unterbegriffe zu notieren.

Beispiel: Tiere

Affe
Biber
Chamäleon
Dachs
Esel
Fuchs
usw.

Nach drei Minuten ist die Spielzeit vorbei und die Schüler tauschen ihre Blätter mit denen ihrer Banknachbarn aus. Für jeden richtigen Begriff wird ein Pluspunkt notiert.

Achtung: Die Wörter müssen natürlich so geschrieben werden, dass sie der Nachbar lesen kann. Ist das nicht der Fall, gibt es auch keinen Punkt. Es gewinnt, wer die meisten Punkte ergattern kann.

Wettrechnen

Ein beliebiges Rechenergebnis steht an der Tafel, zum Beispiel 12.
Alle Kinder schreiben jetzt innerhalb von drei Minuten so viele Rechnungen wie möglich auf den Block, deren Ergebnisse der Tafelzahl entsprechen, also : $10 + 2$, $3 + 9$, $18 - 6$, $3 \cdot 4$, usw.

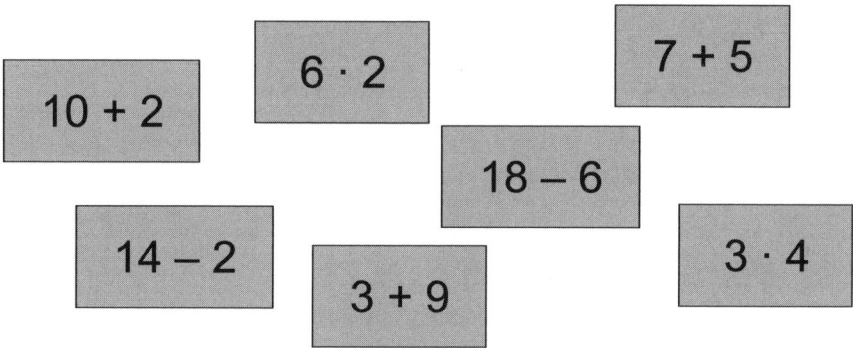

Ein Kind liest seine Aufgaben vor, die Mitschüler kontrollieren, ob sie richtig sind, und haken gleiche Aufgaben auf ihren Blöcken ab. Wer darüber hinaus noch weitere Aufgaben gefunden hat, liest sie jetzt vor. Am Ende wird nachgezählt, wie viele verschiedenen Aufgaben alle Kinder in der Klasse zusammen gefunden haben.
Dieses Ergebnis wird notiert und bietet Anreiz, beim nächsten Mal noch überboten zu werden.

Das Indianerspiel

Alle Indianer erheben sich von ihren Plätzen und schleichen gemeinsam mit ihrem Häuptling aus dem Klassenzimmer, den Gang entlang, die Treppe hinunter an allen feindlichen Indianerstämmen vorbei hinaus aus dem Schulhaus und versammeln sich mucksmäuschenstill im Pausenhof.
Puh, das war knapp, aber wir sind gerettet!

Die Wörterpyramiden

Jedes Kind darf still für sich so viele Wörterpyramiden bilden, wie es seine Zeit erlaubt.

Begonnen wird jeweils mit einem Wort aus zwei Buchstaben, zum Beispiel „im". Darunter wird ein Wort geschrieben, das aus einem Buchstaben mehr besteht, vielleicht: „mir". In die nächste Zeile kommt ein Wort aus vier Buchstaben und so weiter.

Beispiel:
```
          I M
         M I R
        R E I M
       E I M E R
      R I E M E N
         usw.
```

Was plumpst da aus dem Lesebuch?

Die Lehrerin macht merkwürdige Sachen! Sie schüttelt das Lesebuch und plumps, fällt etwas zwischen den Seiten heraus.

Jetzt nimmt sie das Ding auch noch in den Arm, streichelt und krault es unter dem Kinn. Es scheint ein Hund zu sein … aber nein, dafür ist es zu klein! Ah, eine Katze! Ja, ganz bestimmt: Es kann nur eine Katze sein, die da aus dem Buch gepurzelt ist!

Das Kind, das zuerst den richtigen Begriff nennt, darf gleich selbst das zauberhafte Lesebuch schütteln und vielleicht fällt diesmal eine Gießkanne, ein Hexenbesen, eine Fledermaus oder ein Fotoapparat heraus.

Flaschen pusten

Damit man beim Flaschenpusten nicht allzu lang warten muss, bis man an die Reihe kommt, wird in kleinen Gruppen gespielt.

Auf den Hals einer Flasche werden etwa 30 kleine Papierstreifen kreuz und quer übereinander gelegt.

Nun darf ein Schüler nach dem anderen langsam und vorsichtig einen Papierstreifen von der Flasche pusten und dann noch einen und noch einen … so lange, bis versehentlich mehrere gleichzeitig von der Flasche schweben. Diese Streifen werden wieder ordentlich zurückgelegt und der nächste Flaschenpuster ist an der Reihe. Es gewinnt, wer am Ende die meisten Streifen erbeutet hat.

Schiffe im Nebel

Alle Kinder der Klasse stellen sich in einiger Entfernung zu den Nachbarn im Klassenzimmer oder in der Turnhalle als Riffe im Wasser auf. Ein Schüler wird das Schiff. Seine Aufgabe besteht darin, nach kurzer Einprägezeit, wo sich die Riffe befinden, mit verbundenen Augen von einem Ende des Raumes zum anderen zu gelangen, ohne dabei auf ein Riff zu laufen.

Wem das ohne „Blinzeln" gelingt, verdient einen großen Applaus von den Mitspielern. Stößt das Schiff aber an ein Riff, so tauschen diese beiden Spieler die Aufgaben.

Leichter wird das Spiel, wenn sich das Schiff einen Lotsen aussuchen darf, der außerhalb des Spielfeldes immer dann seinen dumpfen Nebelhornruf ertönen lässt, wenn das Schiff gerade auf ein Riff zusteuert.

7 Minutenspiele für zwischendurch

Lach doch!

Ein Spieler stellt sich vor die Klasse und schaut ernst seine Mitschüler an. Die versuchen jetzt durch alle möglichen Grimassen den Spieler zum Lachen oder zumindest zum Schmunzeln zu bringen. Dann nämlich hätten die Schüler gewonnen. Bleibt der Spieler aber drei Minuten lang ernst und verzieht keine Miene, so geht der Sieg an ihn.

Die Zeitbombe

Alle Spieler werfen so schnell wie möglich eine Zeitbombe, die aussieht wie ein gewöhnlicher Ball, hin und her durchs Klassenzimmer. Die Lehrerin stellt zu Spielbeginn einen gewöhnlichen Küchenwecker so, dass der Bursche in etwa einer halben oder einen Minute anfängt zu rasseln. Wer in diesem Augenblick den Ball in Händen hält, scheidet aus.
Wer bei Spielabbruch, nach etwa fünf Minuten, noch nicht ausgeschieden ist, freut sich mit seinen Kollegen über den Sieg.

Das Eine-Minute-Spiel

Jeder Schüler stellt sich hinter seinen Stuhl und wartet auf das Startzeichen des Spielleiters.
Die Aufgabe besteht nun darin, sich genau nach einer Minute leise auf seinen Stuhl zu setzen. Der Spielleiter schaut genau auf seine Uhr und achtet darauf, welcher Schüler die Minute am genauesten geschätzt hat.

Die Würfel-Ecken

An sechs Stellen im Klassenzimmer werden Kärtchen aufgehängt, auf denen jeweils eine Zahl von 1–6 steht.
Ein Schüler bekommt einen Würfel und bleibt während des ganzen Spiels auf seinem Platz. Die übrigen Schüler aber wählen sich eine beliebige Zahl aus und stellen sich zu diesem Kärtchen. Es ist ganz egal, wie viele Kinder an den einzelnen Zahlenstationen stehen. Nun würfelt das Kind und ruft laut die entsprechende Zahl. Alle Schüler, die sich diese Zahl ausgesucht haben, scheiden aus und setzen sich auf ihre Plätze. Die restlichen Schüler suchen sich wieder eine beliebige Zahl zwischen 1 und 6 aus und stellen sich an diese Station. Wer will, darf aber auch denselben Standplatz beibehalten. So wird weiter gespielt, bis nur noch ein Kind als Sieger übrig ist.

Seifenblasen

Für dieses Spiel braucht man viel Platz, deshalb wäre der Pausenhof oder die Turnhalle ein geeigneter Spielplatz.
Zuerst bilden die Kinder Partnergruppen. Sie stellen sich einander gegenüber und fassen sich an beiden Händen. Sobald Musik ertönt (Walzermusik wäre ideal), drehen sich die Zweier-Seifenblasen mit geschlossenen Augen im Kreis und schweben über den Platz. Sobald sich zwei Seifenblasen berühren, platzen sie und bilden eine neue, größere Seifenblase. So wird weitergeschwebt, bis sich schließlich die ganze Klasse als eine einzige Riesenblase im Kreise dreht.

Würfeln

Die Schüler spielen in Gruppen miteinander.
Ein Schüler bekommt einen Kreisel, dreht ihn an und würfelt jetzt nacheinander so schnell wie möglich, addiert aber dabei stets die gewürfelten Augen und nennt seine Zwischenergebnisse laut, damit die Mitspieler auch kontrollieren können, ob alles seine Richtigkeit hat.
Fällt der Kreisel schließlich, wird das Endergebnis des Würflers notiert und ein anderes Gruppenmitglied ist an der Reihe.
Klar, dass am Ende derjenige gewinnt, der das höchste Endergebnis erwürfelt hat.

Der Letzte gewinnt

Immer zwei Schüler spielen gegeneinander. Zuerst wählen sie einen beliebigen Abschnitt des Alphabets aus, der aus zehn Buchstaben besteht, zum Beispiel: E, F, G, H, I, J, K, L, M, N.
Nun sagt abwechselnd jeder Spieler ein Wort, in dem mindestens einer dieser Buchstaben vorkommt, und streicht diese Buchstaben aus der Reihe.
Beispiel: Ein Schüler sagt „Hilfe" und streicht: E, F,H, I, L. Der Spielpartner sagt „Jacke" und streicht das J und das K. So wird weitergespielt, bis schließlich einer der beiden den letzten Buchstaben streicht und damit gewinnt.

Zwischendurch-Gedanken

Einer der folgenden Sätze steht an der Tafel und die Schüler sollen sich ein paar Minuten lang Gedanken machen, wie sie den Satz ergänzen würden. Beispiele:

- Es ist noch gar nicht allzu lange her, da wollte ich …
- Ich wünschte, ich könnte …
- Nichts auf der Welt könnte mich dazu bringen …
- Wenn ich den Mut hätte, würde ich gerne einmal …
- Wenn ich mir eine Person aussuchen könnte, mit der ich eine Stunde lang reden dürfte, so wäre das _____ , weil …
- Wenn ich auf dieser Welt eine Sache ändern könnte, so wäre das …

Verknoten

Jeder Schüler faltet seine Hände so vor dem Körper, dass die Finger ineinander „verzahnen". Nun probiert jeder durch seine Arme zu steigen, ohne dabei die Handfassung loszulassen.
Klingt schwierig? Ist es auch! Also lieber ein bisschen üben, bevor sie die Vorgehensweise Ihren Schülern demonstrieren!

Geschenke kegeln

Eine Papprolle (zum Beispiel aus dem Inneren von Küchenpapier), wird am Ende des Klassenzimmers auf den Boden gestellt. Oben drauf legt man einen kleinen Preis, vielleicht einen Buntstift oder einen Lutscher.
Die Kinder stellen sich ans andere Ende des Zimmers und dürfen nun abwechselnd versuchen mit einer großen Murmel oder einem kleinen Ball die Rolle umzukegeln oder zumindest so zu erschüttern, dass der Preis von der Rolle fällt. Wem das gelingt, der erhält die Belohnung.

8 Memory
Gedächtnisspiele

Memory für Geburtstagskinder

Auf dem Tisch, verborgen unter einem Tuch, liegen acht kleine Schätze, wie zum Beispiel:

- eine Nuss
- ein rotes Gummibärchen
- ein grünes Bonbon
- ein Sticker
- ein Schokoladenriegel
- eine Murmel
- ein Buntstift

und was es sonst noch an erstrebenswerten Schätzen gibt.
Jetzt wird das Tuch weggezogen und das Kind darf sich ungefähr eine Minute lang die Schätze gut ansehen und einprägen. Dann werden die Schätze wieder verdeckt und das Geburtstagskind darf alle Dinge, die es aus dem Gedächtnis aufzählen kann, behalten.

Kim

Auf eine Folie für den Overheadprojektor werden 20 Buchstaben, Zahlen oder Zeichen, wie Herz, Stern, Blitz etc., gemalt.
Die Schüler dürfen die Folie eine halbe Minute lang betrachten, bevor der Projektor wieder ausgeschaltet wird. Ganz schnell schreibt jeder auf dem Block auf, woran er sich noch erinnern kann. Die drei besten Gedächtnisakrobaten erhalten einen kleinen Preis.

Wort-Bild-Memory

Auf zehn weiße Kärtchen werden Vignetten gezeichnet, auf zehn farbige Kärtchen die dazu passenden Wörter geschrieben.

Zum Spielen werden alle Bildkärtchen mit der bemalten Seite nach unten auf der linken Tischseite ausgebreitet, die Wörterkärtchen liegen rechts.

Abwechselnd darf nun jedes Kind ein Bildkärtchen und ein Wortkärtchen umdrehen. Stimmen Bild und Wort nicht überein, werden die Kärtchen wieder umgedreht, die Spieler merken sich aber, was darauf zu sehen bzw. zu lesen war.

Dreht ein Kind zwei zusammenpassende Kärtchen um, darf es die aus dem Spiel nehmen und so lange lustig weiterspielen, bis es zwei nicht zusammenpassende Kärtchen umdreht.

Am Ende zählt jeder nach, wie viele Kartenpaare er erbeutet hat. Es gewinnt natürlich derjenige, der die meisten hat.

Variationen für den Fremdsprachen- oder Deutschunterricht:

- Bild – Anfangsbuchstabe
- Reimwörter (Hase – Vase)
- Wortfragmente – Einsetzbuchstabe oder Buchstabengruppe (Ta…e – sch)
- Silben (Ha- – -se)
- Wort englisch – Wort deutsch
- Wort Singular – Wort Plural
- Nomen – Verb (Hitze – heizen)
- Nomen – Adjektiv (Hitze – heiß)
- Verb – Adjektiv
- Nomen – passende Tätigkeit (Stuhl – sitzen, Bett – schlafen)
- Bilder oder Wörter, die zur gleichen Gruppe gehören (Banane – Birne, Schrank – Bett, Zange – Hammer)

Figuren – Memory

Eine beliebige Anordnung von drei Reihen zu je drei geometrischen Formen wird in entsprechenden Farben auf Folie gemalt, zum Beispiel:

Die Schüler haben 20 Sekunden Zeit, sich die Formen, ihre Farben und Lage einzuprägen, bevor der Overheadprojektor ausgeschaltet wird.

Jetzt legt jeder Mitspieler diese Formen in der gleichen Zusammenstellung mit seinen Formenplättchen auf dem Tisch nach.

Für jedes richtige Plättchen gibt's einen Pluspunkt, und wer davon die meisten bekommt, ist Sieger.

Landeplatz

Auf die mittlere Tafelfläche werden fünf etwa handtellergroße Kreise gemalt. Ein Schüler darf sich die Lage dieser Kreise 20 Sekunden lang genau einprägen. Dann werden ihm die Augen verbunden. Er bekommt eine farbige Kreide und soll nun damit in jeden Kreis ein Kreuz machen.

Für jeden Treffer, auch noch, wenn die Kreislinie berührt wurde, gibt es einen Punkt. Von jeder Schülergruppe darf ein Mitglied sein Gedächtnis unter Beweis stellen. Wer auf diese Weise für seine Gruppe die meisten Punkte gesammelt hat, darf die Glückwünsche seiner Teamkollegen entgegennehmen.

Wollen die anderen Kinder ebenfalls spielen, werden zuerst die Kreise auf der Tafel neu verteilt.

Radiergummi parken

An einer bestimmten Stelle im Klassenzimmer wird der Papierkorb aufgestellt. Ein Schüler, dem die Augen verbunden wurden, bekommt einen Radiergummi mit der Aufgabe, den Burschen im Papierkorb zu versenken. Aber halt! Der Schüler muss mit ausgestrecktem Arm auf den Papierkorb zugehen und den Radiergummi rechtzeitig fallen lassen. Stößt der Schüler an den Papierkorb, ist seine Chance vorbei.

Was relativ einfach klingt, erweist sich bald als höchst knifflige Aufgabe. Nur wer den Abstand zwischen Startpunkt und Papierkorb-Ziel richtig abschätzt, hat eine Chance, den Radiergummi „einzuparken".

9 Rate mal!
Knobel-, Tüftel-, Ausdauerspiele

Assoziationen

Ein Spieler wird aus dem Raum geschickt und die anderen überlegen sich ein beliebiges Stichwort, wie zum Beispiel „Markt".
Jetzt nennt jeder Schüler einen Begriff, der ihm auf das Stichwort „Markt" hin einfällt, beispielsweise Buden, Obst, Käse, …
Diese Begriffe werden vom Spielleiter auf einem Zettel notiert.
So, jetzt geht's los:
Der erste Spieler wird ins Zimmer zurückgeholt. Der Spielleiter nennt das Stichwort, in unserem Falle also „Markt", und drückt auf den Startknopf einer Stoppuhr.
Der Spieler hat nun genau eine Minute Zeit, ebenfalls so viele Begriffe zu nennen, die ihm auf das Stichwort hin einfallen. Für jeden Begriff, den er nennt und der auch auf dem Zettel notiert wurde, erhält der Schüler einen Punkt.
Ist die Rateminute vorbei, notiert der Spielleiter die Anzahl der erreichten Punkte.
Dann wird ein anderes Kind aus dem Raum geschickt und die Mitspieler legen ein weiteres Stichwort fest, zum Beispiel: Schule, Spielplatz, Bahnhof, …

Analogien

Fuß : Schuh = Hand : Handschuh
Solche und viele weitere Analogien werden gebildet, um den Kindern das Prinzip zu erklären.
Dann schreibt jeder ein Beispiel auf den Block und liest, wenn er an der Reihe ist, das Beispiel mit einer Lücke vor, also vielleicht:
Zimmer : Haus = Ast : ?

Die Mitschüler versuchen schnell, den fehlenden Begriff (Baum) zu ergänzen. Wer zuerst das richtige Wort nennt, gewinnt einen Punkt. Wer am Ende die meisten Punkte hat, gewinnt das Spiel.
Weitere Beispiele:

- Sonne : gelb = Himmel : blau
- Auto : fahren = Flugzeug : fliegen
- Indianer : Zelt = Eskimo : Iglu
- Küken : Henne = Welpe : Hündin
- Knie : Bein = Ellbogen : Arm
- Buch : lesen = Bett : schlafen

Partner gesucht

Abwechselnd nennt jeder Schüler einen Teil eines berühmten Paares, zum Beispiel „Hänsel". Wer zuerst „Gretel" ruft, gibt das nächste Rätsel vor. Weitere Paare wären zum Beispiel:

- Robinson und Freitag
- Schneeweißchen und Rosenrot
- Max und Moritz

Aber auch:

- Haus und Hof
- Kind und Kegel
- Tag und Nacht
- usw.

Das Rätselwort I

Zwei Schüler kommen an die Tafel, einer stellt sich vor den linken Tafelflügel, der andere an den rechten. Beide setzen ihre Kreiden am linken Rand ihrer Tafelflächen an. Ein Mitschüler überlegt sich ein beliebiges Wort, schaut nicht zur Tafel, sondern auf das Blatt, das vor ihm liegt. Er schreibt jetzt sein Wort in Schreibschrift auf, während er genau beschreibt, wie er seinen Stift lenkt. Die beiden Kinder an der Tafel schreiben nach diesen Angaben mit. Wer von beiden zuerst errät, wie das Wort heißen wird, gewinnt.

Das Rätselwort II

Bei diesem Spiel steht ein Schreiber vor der Tafel und hinter ihm ein anderes Kind, das ihm nun ein beliebiges Wort, Buchstabe für Buchstabe auf den Rücken schreibt. Der Tafelschreiber überträgt sofort jede Linie an die Tafel und soll möglichst schnell erraten, wie sein Rätselwort lautet.

Variation:

Der Schreiber überträgt die Linie auf eine Folie des Overheadprojektors und die Mitschüler versuchen das Rätselwort möglichst schnell zu erraten.

Wer bin ich?

Ein Schüler denkt sich in eine bestimmte Person ein, die allen Mitschülern bekannt ist, und erzählt von ihrem Leben.

Die Mitspieler hören aufmerksam zu und versuchen zu erraten, um welche Person es sich handelt. Wer zuerst den Namen dieser geheimen Person nennt, darf gleich seinerseits das nächste Personenrätsel vorgeben.

Damit aber nicht einfach irgendwelche Namen gerufen werden, wird vor dem Spiel deutlich gemacht, das jeder, der einen falschen Namen nennt, bis zum Ende des Spiels ausscheidet!

Mögliche Rätselpersonen wären:

- Dornröschen
- Pippi Langstrumpf
- Nikolaus
- die Sport-(Mathe-, Musik-, ...)Lehrerin
- Robinson Crusoe
- usw.

Rätsel für Sekunden

Bei diesem Spiel lernen die Schüler verschiedene kurze Zeitspannen zu schätzen. Die Aufgaben können durchaus ein bisschen ungewöhnlich sein, zum Beispiel: Wie lange wird es dauern, bis wir alle gemeinsam „Alle meine Entchen" gesungen haben?

Jeder Schüler schreibt seine Schätzung in Sekunden auf, zum Beispiel 12 Sekunden.

Dann wird die Aufgabe ausgeführt, sprich in unserem Fall das Lied gesungen, und ein Schüler stoppt dabei die Zeit.

Wessen Schätzung der Wirklichkeit am nächsten ist, bekommt einen Punkt. Weitere Aufgaben können sein:

- Wie lange wird es dauern, bis alle Schüler ihre Bänke komplett abgeräumt haben?
- Wie lange wird es dauern, bis Phily seine Schnürsenkel gebunden hat?
- Wie lange wird es dauern, bis wir gemeinsam das 7er-Einmaleins rückwärts aufgesagt haben?
- Wie lange wird es dauern, bis Anja im Duden das Wort „Wetterstation" gefunden hat?
- Wie lange wird es dauern, bis Uschi und Peter die Tafel gewischt haben?

Das Zahlen-Lotto

- Wie viele Sekunden hat eine Minute?
- Wie viele Augen sind insgesamt auf einem Würfel zu sehen?
- Wie viele Ecken hat ein Rechteck?
- Wie viele Spieler gehören zu einem Fußballteam?
- Wie viele Meter hat ein Kilometer?
- Wie viele Tage hat ein Schaltjahr?
- Wie viele Monate haben 31 Tage?
- Wie viele Jahreszeiten gibt es?

Solche und viele weitere Fragen werden gestellt und von jedem Schüler auf dem Block beantwortet. Wer auf eine Frage keine Antwort weiß, schreibt eine geschätzte Zahl auf.

Am Ende tauschen die Schüler ihre Blöcke mit denen der Nachbarn aus, so dass jeder einen fremden Lottoschein korrigiert.

Wer die meisten richtigen Ergebnisse hat, gewinnt.

Extra-Rätsel:

Wie viele Monate haben 28 Tage?

(Lösung: Alle 12 Monate haben 28 Tage, die meisten sogar noch mehr!)

10 Schau genau!
Beobachtungsspiele

Fehlerteufel

Schreiben Sie zehn Zahlen- oder Buchstabenkombinationen an die Tafel.
Wiederholen Sie die Gruppen und fügen Sie in einigen Kombinationen kleine Fehler ein.
Das könnte zum Beispiel so aussehen:

342689	677812	540882	912658	700302
342789	677812	540886	922658	700302
ADSLKB	CFTREK	DSWWHB	UZ2D5G	8HZ51P
ADSLKB	CETREK	DSWVHB	UZ2D5G	8HS51P

Die Schüler betrachten die Kombinationen und sollen dann nur angeben,
wie viele Fehler in den wiederholten Gruppen gemacht wurden. In unserem
Fall sind es sechs Fehler.

Adlerauge

Ein Spieler verlässt das Klassenzimmer und die anderen verstecken einstweilen ein kleines Kuscheltier so, dass man es aber von der Tür aus sehen
könnte. Ein guter Platz wäre vielleicht im Blumentopf, der auf dem Fensterbrett steht, oder ganz oben auf der Tafel, …
Jetzt wird der Schüler hereingerufen. Er bleibt in der Tür stehen und hat genau eine Minute Zeit, das Klassenzimmer nach dem Kuscheltier abzusuchen. Erspäht er es, bevor die Zeit abgelaufen ist, bekommt er einen kleinen
Preis.

Was fehlt?

Auf die äußere linke Tafelfläche wurden vor dem Spiel 30 verschiedene
Buchstaben, Zahlen, geometrische Formen oder Zeichen geschrieben. Auf
die rechte, äußere Tafelfläche ebenso, aber diesmal in anderer Anordnung
und zudem fehlt ein Element.
Zum Spielen werden die beiden Tafelflächen gleichzeitig umgedreht, damit
alle Kinder die Tafelanschriften genau vergleichen können. Na, wer findet
zuerst heraus, welches Zeichen auf der rechten Seite fehlt?

Stille Wörter

Ein Schüler stellt sich vor die Klasse, hinter ihm steht die Lehrerin und hebt nun eine Karte mit einem Merkwort hoch. Sofort lesen es alle Kinder der Klasse dem Rater vor, jedoch ohne dabei auch nur einen Pieps von sich zu geben.

Der Rater schaut also genau auf die Lippenbewegungen der Mitschüler und sollte dann das Lösungswort laut nennen.

Stimmt das Wort, darf der Rater ein anderes Kind bestimmen, das ihn ablöst.

Lesedrillinge

Immer drei Kinder lesen gemeinsam einen kurzen Text vor. Dabei liest das erste Kind nur die Nomen, das zweite Kind liest die Verben vor und das dritte Kind alle restlichen Wörter.

Ungeübten Kindern kann man erlauben, zuvor die Wörter zu unterstreichen, die sie lesen sollen.

Was passt?

Ein Kind überlegt sich ein beliebiges Wort, zum Beispiel „Mädchen", und übersetzt es in die **MSU**-Geheimsprache.

M bedeutet **M**itlaut, **S** bedeutet **S**elbstlaut und **U** bedeutet **U**mlaut.

Das Wort „Mädchen" heißt also jetzt: MUMMMSM. Diese Buchstaben schreibt der Schüler an die Tafel. Die Mitspieler knobeln, welches Wort wohl passt. Der Erste, der ein Wort nennt, das zu diesem MSU-Code passt, auch wenn es sich nicht um das Wort handelt, das sich der erste Schüler ausgedacht hat, gewinnt und darf das nächste Rätselwort an die Tafel schreiben.

11 Monday Specials
Spiele gegen
Montagsmüdigkeit

Der Tierpfleger

Jeden Montag dürfen die Schüler Kuscheltiere oder Tiere aus Holz oder Plastik mit in die Schule bringen. Die Tiere werden in einen großen Korb gelegt, einem Kind werden die Augen verbunden und es darf nun als Tierpfleger so schnell wie möglich ein Tier nach dem anderen abtasten und angeben, um welche Tierart es sich dabei handelt. Drei Minuten Zeit hat der Tierpfleger nur, um möglichst viele seiner Schützlinge an der Gestalt zu erkennen.

Für jedes richtig benannte Tier erhält das Kind einen Punkt. Das Ergebnis wird auf einem Zettel notiert.

Spätestens am Ende des Monats, wenn alle Schüler einmal als Tierpfleger an der Reihe waren, werden die Ergebnisse verglichen und der Sieger erhält einen Preis.

Montagswitze

Erlauben Sie Ihren Schülern, am Montagmorgen ein paar Witze zu erzählen! Das hebt nicht nur die Stimmung enorm, es hilft auch den besonders zurückhaltenden Kindern, frei vor der Klasse zu sprechen.

Die Montagsschreiber

Gemäß dem Spiel „Montagsmaler" werden bei „Montagsschreiber" bestimmte längere Wörter auf eine Folie des Overheadprojektors geschrieben. Aber natürlich nicht einfach so!

Rechtshänder dürfen nur mit der linken und Linkshänder nur mit der rechten Hand schreiben.

Die Mitspieler achten ganz genau darauf, wie das Wort wohl heißen könnte, das da gerade entsteht, und dürfen ihre Vermutungen laut rufen. Wer zuerst das richtige Wort nennt, darf seinerseits gleich das nächste auf die Folie schreiben.

Der Marathonlauf

Im Pausenhof oder auf dem Sportplatz wird zuerst eine Startlinie markiert und etwa 30 Meter davon entfernt ein Wendemal aufgestellt. Alle Läufer stehen an der Startlinie bereit.

Der energievollste Schüler beginnt den Marathon. Er läuft zum Wendemal, umkreist es, rennt zurück zur Startlinie, schnappt sich einen zweiten Läu-

fer und rennt Hand in Hand mit ihm wieder zum Wendemal und zur Startlinie zurück. Jetzt darf der zweite Spieler einen weiteren Läufer an die Hand
nehmen, so dass nun schon drei Kinder Hand in Hand die Strecke zurück-
legen. Dann sind es vier, danach fünf, bis irgendwann alle Schüler gemeinsam zur letzten Runde starten.

Der Wochenendausflug

Das Klassenmaskottchen will natürlich am Wochenende auch nicht mut-
terseelenallein im Schulhaus hocken und darf deshalb an jedem Wochenende mit einem anderen Kind nach Hause gehen.
Am Montagmorgen dann erzählt es den Kindern, wo es gewesen ist, wer da
sonst noch so alles war und was es alles erlebt hat.

Thronfolge

Zwei Könige streiten sich um den Thron. Um dem Streit ein Ende zu machen, werden sie aufgefordert, vor den Ohren ihrer kritischen Untertanen
die Eignung des anderen Kandidaten so prächtig wie nur möglich darzu-
stellen. Schließlich darf derjenige den Thron besteigen, der den anderen so
glänzend darstellt, dass das Volk nur ihn zum König haben möchte.

Schüttelfrost

Eine seltsame Krankheit hat alle Kinder an diesem Montag befallen: Schüttelfrost!
Alle Kinder stehen auf, schütteln ihre Hände, dann die Arme, die Beine, die
Schultern, den Kopf und was sich sonst noch so alles schütteln lässt. Weil
das nicht nur wohltuend entspannt, sondern auch noch total lustig aussieht,
herrscht auch gleich gute Laune im Klassenzimmer.
Wer will, kann auch einen besonders „montagsgeschädigten" Schüler vor
die Klasse holen und seinen Schüttelfrost demonstrieren lassen. Die Mitschüler schütteln sich dann gemäß den Bewegungen des Vorbildes.

12 Mut zur Wut
Spiele zum Abbau
von Aggressionen

Die Mini-Disko

Nach einer Arbeit, bei der die Kinder längere Zeit still sitzen mussten, stehen jetzt alle auf. Der allerneueste Hit erklingt und dann wird getanzt oder besser gezappelt und gewackelt, gehampelt und gestrampelt, bis die Fetzen fliegen. Puh, das tut richtig gut nach der langen Sitzerei und Spaß macht es natürlich auch.

Tierische Gesänge

Singen hilft beinahe in jeder Lebenssituation und es wirkt Wunder gegen aufkeimende Aggressionen.

Erlauben Sie den Schülern zuerst ein allseits bekanntes Lied aus Herzenslust in einer frei gewählten Tierstimme zu bellen, quaken, blöken und was es da sonst noch für Möglichkeiten gibt.

Haben sich alle königlich darüber amüsiert, versuchen wir das Lied in einer gemeinsamen Sprache vorzutragen, beispielsweise heulen alle die Melodie wie Gespenster. Schließlich wird das Lied (oder ein anderes) noch in normalem Deutsch gegrölt, dann in Zimmerlautstärke gesungen und ganz zuletzt mit seidenweicher Stimme so leise gesungen, als wollten wir ein Baby in den Schlaf wiegen.

Das Schildkröten-Zappelspiel

Alle Kinder verwandeln sich zuerst in Schildkröten und legen sich mit einiger Entfernung voneinander auf ihre Panzer.

Dann zappelt jede Schildkröte so fest es geht mit allen vieren, schaukelt auf ihrem Panzer hin und her, nach vorne und nach hinten, immer kräftiger und kräftiger, und springt schließlich, schwuppdiwupp, auf ihre Beine.

Erste-Hilfe-Ballspiel

Wutschnaubende, frustrierte Kinder werden in kürzester Zeit wieder lammfromm, wenn Sie jedem einen Ball geben und gestatten, die Bälle in der Turnhalle mehrere Minuten lang so fest es geht gegen die Turnhallenwand zu donnern oder auf den Boden der Halle zu prellen.

Wutball

Werfen Sie Papier nicht einfach so in den Papierkorb, sondern bewahren Sie es auf und geben Sie es schließlich einem Wüterich, der die Aufgabe bekommt, jedes Blatt zu einem festen Papierball zu knüllen und diese Wutbälle dann erst in den Papierkorb zu ballern.

Lichtlein selig

Ich weiß nicht warum, aber es funktioniert: Führt die gemeinsame Arbeit in einer bestimmten Gruppe immer wieder schnell zu Aggressionen, stellen Sie dieser Gruppe ein brennendes Kerzlein in die Mitte des Gruppentisches!

Seilspringen

Vorausgesetzt Ihr Klassenzimmer liegt im Erdgeschoss, dann probieren Sie die Aggressionen vorbeugende Maßnahme aus.

Immer, wenn es zum Beispiel Merkwörter vorzulesen gibt, eine 1x1-Reihe aufgesagt werden soll und ähnliche Fertigkeiten abgefragt werden, fordern Sie das betreffende Kind auf, im Rhythmus mit den Wörtern, Buchstaben oder Zahlen Seil zu springen.

Halt mal die Luft an!

Stellen Sie sich mit einer Stoppuhr neben einen Wüterich, fordern Sie ihn auf, tief Luft zu holen und so lange wie möglich die Luft anzuhalten.

Machen Sie eine große Sache daraus, wenn Sie sein Ergebnis ins Buch der Rekorde eintragen. So können Sie sicher sein, dass alle zukünftigen Wüteriche ebenfalls ihr Bestes geben werden, um die vorherigen Rekorde zu brechen.

Bewegung tut Not

Angestauter Bewegungsdrang verursacht bzw. fördert Aggressionen. Darum geben Sie allen zu aggressivem Verhalten neigenden Schülern rechtzeitig Gelegenheit zur Bewegung.

Das können kurze Bewegungsübungen und Spiele zwischen den Unterrichtsstunden sein, aber auch Gelegenheiten während des Unterrichts zum Aufstehen und Bewegen, wie Tafelwischen, Hefte einsammeln oder austeilen, Zeichnungen an die Pinnwand heften, an die Tafel schreiben, kleine Botengänge, ...

Der Wutwurm

Ein ausrangiertes und zur festen Rolle zusammengeschnürtes, altes Federbett oder großes Kissen wird zum Wutwurm und darf an Stelle der Klassenkameraden schlecht behandelt werden. So können ganz fürchterlich aggressive Kinder wie wild auf den Wutwurm einboxen, ihn kneifen, zwicken, beschimpfen und die ganze Wut auf ihn schleudern, der Wutwurm nimmt so was gar nicht übel, denn dafür ist er ja da.

Tipp: Für besonders schwere Fälle ist die Anschaffung von einer Boxbirne und einem Paar Boxhandschuhen empfehlenswert.

Auto-Skooter

Mindestens drei dicke Kissen und drei Gürtel werden für dieses sehr beliebte Spiel gebraucht. Drei Kinder binden sich die Kissen mit den Gürteln vor den Bauch und dürfen jetzt in einem vorher genau begrenztem Spielfeld als Autos kreuz und quer herumlaufen, dabei Motorengeräusche und quietschende Bremsen imitieren und hier und da gegen ein anderes Auto rempeln.

Aber wie bei den echten Auto-Skootern ist auch hier die Fahrzeit begrenzt und nach drei Minuten dürfen sich schon die nächsten Autos an den Start stellen.

Schiebung

Immer zwei Kinder sitzen sich auf dem Boden gegenüber und legen ihre Fußsohlen aneinander. Dann heißt es: „Auf die Plätze, fertig, schiebt!" und jeder versucht mit aller Gewalt seinen Spielpartner wegzuschieben. Anfänger stützen sich dabei mit den Armen ab, Profis können das freihändig! Wer keinen Spielpartner hat oder aus anderen Gründen besser allein spielen sollte, legt seine Füße gegen die Wand des Klassenzimmers und versucht das Klassenzimmer auf diese Weise um ein paar Meter zu verbreitern.

Schimpfwörter gesucht

Bei diesem Spiel darf nach Herzenslust geschimpft werden. Allerdings müssen alle Schimpfwörter neu erfunden worden sein und außerdem muss streng nach dem Alphabet geschimpft werden.

„Du auffällig armseliger Amokläufer!" wäre da schon mal ein guter Anfang.

„Du bandscheibengeschädigter Bananenbär!" hört sich auch nicht schlecht an.

Aber jetzt ist das C an der Reihe und da fehlen oft dem wütendsten Wüterich die Worte. „Du cremiger Chorleiter!" wäre eine Möglichkeit das C abzuhaken.

Und jetzt kommt auch schon das D: „Du dreckiger, drahtloser Datteldieb!" könnte eine Lösung lauten.

So wird weitergeschimpft, bis man schließlich beim Z angelangt ist und mit: „Du zahnlose, zerbröselte Zaunslatte!" das Spiel beschließt.

Die Hasenjagd

Ein Paar große, ausrangierte Opasocken oder ein kleines Kissen stellen in diesem Spiel die Waffe des Jägers dar.

Der Jäger steht in der Mitte, um ihn herum haben sich alle Hasen versammelt. Jetzt wirft der Jäger seine weiche Waffe hoch in die Luft und die Häschen hoppeln so schnell es geht möglichst weit fort vom Jäger. Sobald der seine Waffe wieder in Händen hält, ruft er: „Stopp!", und sofort bleiben alle Hasen wie angewurzelt stehen. Der Jäger nimmt einen ins Visier und versucht von seinem Standort aus den Hasen mit seinem Wurfgeschoss zu treffen. Gelingt ihm das, tauschen Hase und Jäger die Rollen. Gelingt es dem Jäger nicht, so sucht er sein Weidmannsheil in der nächsten Spielrunde. Halali!

Mini-Tauziehen

Jedes Blatt Papier, das gleich in den Papierkorb wandern wird, ist vortrefflich als Tau für das folgende Kräftemessen geeignet.

Das Papier wird der Länge nach leicht eingedreht. Dann hält jeder der beiden Tauzieher ein Ende des Papierseiles fest, gemeinsam sagt man: „Achtung, fertig, los!", und zieht aus Leibeskräften am Tau. Wer das längere Stück oder gar das ganze Tau erobert, gewinnt und darf das Sportgerät in den Papierkorb werfen.

Die Zerreißprobe

Zwei verbrauchte Blockblätter werden auf ihrem Weg zum Papierkorb noch zu diesem Spiel gebraucht. Jedes Blatt wird der Länge nach zu einem lockeren „Seil" eingedreht. Ein Spieler biegt sein Seil zu einer Schlinge, der andere fädelt sein „Seil" in die Schlinge, biegt es ebenfalls, so dass auch er beide Enden seiner Seilschlinge in der Hand hält. Auf ein Startzeichen hin ziehen beide Spieler an ihren Schlingen. Es gewinnt, wessen „Seil" bei diesem Duell heil bleibt.

Geheimtipp für Lehrer, die das Spiel demonstrieren wollen: In den allermeisten Fällen bleibt das Seil desjenigen heil, der zuerst und am heftigsten, am besten etwas ruckartig an seiner Schlinge zieht.

Die Hochstapler

Ein Kind legt sich auf den Bauch. Jetzt werden ihm von einem selbst gewählten Assistenten nach und nach Bücher gereicht, die der Hochstapler vor sich auftürmen muss. Natürlich muss er dabei stets auf dem Bauch liegen bleiben und darf nur den Kopf und die Arme nach oben strecken. Die Zahl der aufgestapelten Bücher wird im „Rekordebuch" der Klasse notiert und selbstverständlich versuchen die Mitschüler den aufgestellten Rekord immer wieder aufs Neue zu überbieten.

Tisch abpusten

Auf dem Tisch liegen zehn kleine, unzerbrechliche Gegenstände, zum Beispiel ein Legostein, eine Streichholzschachtel, die Kappe vom Filzstift, ein Pappbecher usw.

Diese Dinge gilt es nun mit kräftiger Puste und in Höllentempo vom Tisch zu blasen. Zwanzig Sekunden Zeit hat der Spieler, den Tisch auf diese Weise „abzuräumen". Die Sekunden werden entweder von den Zuschauern mitgezählt oder der Spielleiter kontrolliert mit einer Stoppuhr. Für jeden Gegenstand, den der Spieler vom Tisch gepustet hat, erhält er einen Punkt und es gewinnt natürlich derjenige, der die meisten Punkte erzielt.

Ein Spiel, das ganz nebenbei hilft, Aggressionen abzubauen.

Tipp: Man kann das Spiel noch erweitern, indem ein anderes Kind die Aufgabe bekommt, alle Dinge, die vom Tisch gepustet werden, mit einem Becherchen aufzufangen, bevor sie am Boden liegen.

13 Die Spielebox

Hör mal, wer da spricht!

Der Aufwand, der in der Vorbereitung dieses Spieles steckt, lohnt sich, weil das Spiel wirklich sehr oft gespielt werden kann, ohne dass es seinen Reiz verliert.

Jeder Schüler darf einmal die Zahlen einer 1 x 1-Reihe, die der Lehrer vorgibt, in beliebiger Reihenfolge auf Tonband sprechen.

Beispiel: Vorgegeben ist das 1 x 1 mit 4 und der Schüler spricht vielleicht: 24, 16, 32, 20, 8, 40, 12, 4, 36, 28.

So wird gespielt:

Der Lehrer spielt einen beliebigen Ausschnitt vor, beispielsweise: 63, 45, 18, 36.

Der Schüler, der nun zuerst sagen kann, um welches 1 x 1 es sich handelt, in unserem Fall also um das 1 x 1 mit 9, erhält genauso einen Punkt wie derjenige, der zuerst errät, wer die Zahlen gesprochen hat.

Um das Ganze noch vergnügter zu gestalten, kann man den Sprechern erlauben, die Zahlen in beliebig verstellter Stimme zu sprechen. Da wird dann gequietscht, gequakt, gebrummt oder geflüstert, ganz nach Belieben. Das Erraten der Mitschüler wird dadurch natürlich auch noch spannender.

Das Begründungsspiel

Vor dem Spielen werden zuerst ein paar Zettelchen vorbereitet, auf denen zum Beispiel zu lesen ist:

● Bonbons sind besser als Schokolade, weil …
● Bäume sind besser als Blumen, weil …
● Ein Fahrrad ist besser als ein Auto, weil …
● usw.

Wann immer es der Schulalltag zulässt, darf ein Kind einen Zettel aus der Lostrommel (Gurkenglas) ziehen, vorlesen, was darauf steht, und drei Minuten lang die These mit Argumenten untermauern, ganz egal, ob das Kind dieser Meinung ist oder nicht.

Spornen Sie die Schüler an, möglichst mitreißend zu sprechen, Gesten und Mimik passend zum Einsatz zu bringen, um möglichst viele Zuhörer, die ja auch Zuschauer sind, zu überzeugen.

Wörterraten

In einem Schraubglas befinden sich viele kleine, zusammengefaltete Zettel-chen, auf die zuvor so außergewöhnliche Begriffe wie: Zahnpastatube, Spa-getti Bolognese, Krawattennadel, Diamant, ... geschrieben wurden.

Nun darf ein Kind einen Zettel ziehen, das Wort still für sich lesen und ver-suchen, durch Beschreibung und Hinweise die Mitschüler dazu zu bringen, den Begriff zu nennen. Derjenige, der das Ratewort zuerst ausspricht, darf gleich das nächste Zettelchen ziehen.

Horch, was klappert in der Dose?

Fordern Sie die Schüler auf, die gelben Plastikcontainer aus dem Inneren von Überraschungseiern zu sammeln.

Sind zehn oder gar mehr solcher Mini-Dosen zusammen, füllt man jeweils zwei mit dem gleichen Inhalt.

Zum Beispiel:

- je eine kleine Murmel,
- jeweils einen Teelöffel voll Reiskörner,
- jeweils drei Büroklammern
- usw.

Gespielt wird so:

Abwechselnd darf jeder Spieler zwei Container aufnehmen und schütteln. Klingt der Inhalt ungleich, legt man die Döschen wieder an ihre Plätze zurück und der nächste Spieler ist an der Reihe.

Klingt der Inhalt gleich und auch die Mitspieler sind dieser Meinung, dürfen die Döschen geöffnet werden. Stimmt die Vermutung, darf der Spieler die-se beiden Behälter aus dem Spiel nehmen und gleich noch mal sein Glück versuchen.

Es gewinnt, wer am Ende die meisten gelben Klapperdosen erbeutet hat.

Oder wir spielen so:

Jedes Kind bekommt ein leeres Döschen und füllt es heimlich, still und lei-se mit einem beliebigen Inhalt. Die Container werden mit Folienstiften be-schriftet, so dass man weiß, welches Kind welche Klapperdose gefüllt hat. Alle Rätseldosen werden eingesammelt und gründlich gemischt. Dann wird geklappert und geklimpert und jedes Kind gibt einen Tipp ab, was sich wohl in diesem Döschen befinden mag. Am Ende wird natürlich nachgeschaut und der Sieger ermittelt.